亦师亦母话成长

刘婷婷 著

江苏大学出版社
JIANGSU UNIVERSITY PRESS
镇 江

图书在版编目(CIP)数据

亦师亦母话成长 / 刘婷婷著. —镇江：江苏大学出版社，2018.6
ISBN 978-7-5684-0864-6

Ⅰ. ①亦… Ⅱ. ①刘… Ⅲ. ①小学教育-教育研究 Ⅳ. ①G622.0

中国版本图书馆 CIP 数据核字(2018)第 131722 号

亦师亦母话成长
Yi Shi Yi Mu Hua Chengzhang

著　　者/刘婷婷
责任编辑/吕亚楠
插图设计/王子萌
出版发行/江苏大学出版社
地　　址/江苏省镇江市梦溪园巷 30 号(邮编：212003)
电　　话/0511-84446464(传真)
网　　址/http://press.ujs.edu.cn
排　　版/镇江文苑制版印刷有限责任公司
印　　刷/南京艺中印务有限公司
开　　本/718 mm × 1 000 mm　1/16
印　　张/7.5
字　　数/97 千字
版　　次/2018 年 6 月第 1 版　2018 年 6 月第 1 次印刷
书　　号/ISBN 978-7-5684-0864-6
定　　价/49.00 元

如有印装质量问题请与本社营销部联系(电话:0511-84440882)

史前一万年（代序）

小时候很羡慕老师，更羡慕老师家的小孩。2005 年，我走上了教师岗位，几年后结婚生子。时至今日，回望 12 年来从为人师到为人母的角色征程，我问自己是否还有孩童时期的“羡慕”初心？踏上了曾经仰视的高度，久之，一切似乎都是理所当然。蓦然回首，昨天得到幸福的喜悦，是否已经被人到中年的焦虑消磨得不见踪影？

曾几何时，喜欢在 QQ 空间晒照片等待点赞，更换“心情说说”求关注的少女心，竟已在不知不觉中成为同事们眼中的“抹布女”。当初大家都疯传“扫一扫”时，我却还不知道微信为何物，至今“朋友圈”都是处于闭关状态。一度也怀疑自己是不是心态过于迂腐，还没到四十岁却已暮年沧桑。我老了吗？看到漂亮的衣服，明明很想拥有，可是比衣服款式更值得关心的是价格，往往“翻牌”之后，就不是囊中羞涩了，而是异常吝啬；我倦了吗？走进课堂，面对求知的眼睛，用专业与灵魂交流时，自己的口若悬河与激情澎湃可以扫走一切关于庸人自扰的苦闷；我累了吗？面对自己的孩子，我想努力地尽自己一切的力量，护他周全，却又不是温室成长，可以独自经历风霜。

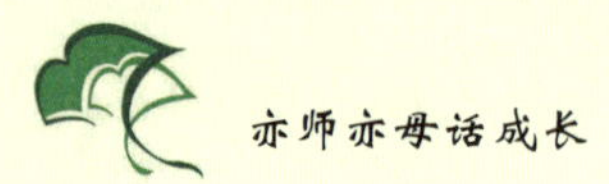

作为一名教师，有令人艳羡的“资本”，有身在福中不知福的物质待遇，虽然不及起早贪黑的商贩个体，但有别人比不了的时间和假期；在全民送孩子上小课、重教育的大环境里，虽然遵纪守法不开私塾，但有“自己孩子可以自己教”的省钱省力。在这个队伍里，我清高地行走了十几年，陶醉过、满足过，也感恩过、流泪过，而当我以一个母亲的角度再来审视，以一个家长的身份再来体会，我故作镇定却如坐针毡。

作为一个 80 后家长，作为一个从农村走出来的转型家长，作为一个从事着教育职业的家长，许多的矛盾汇集、碰撞，也给我自己带来了思考和成长。都说，一名教师，必须体验了班主任的角色，才能明白这个职业真正的意义；而一个女人，只有在养育孩子的过程中，才懂得“为母则刚”的艰辛。“在校为师，在家为母”的身份交织，让我逐步困惑、反思：什么是家校真合育？如何才能爱生真如子？

而真正促使我动笔写下这些的，是 2017 届“高三年级 PK 一年级”的纠结与抓狂，高考指挥棒如影随形，孝子贤孙棍左右开弓。在学校，我是带领高三学生冲锋陷阵的班主任；在家里，我是一个对一年级新生纠错规范指令的大队长。动脑筋想办法，“智慧教育，智慧管理”，这些都是在气急败坏之后的疗伤秘方和续命仙丹。很多时候是真实经历之后的无声呐喊，很多时候是草根育儿的焦虑传递。我没有灵丹妙药，我只有真实再现，解剖自己，反思教育，从家庭到学校，乃至社会，我们在做什么？我们还能做什么？

一万年太久，只争朝夕。活在当下，做好眼前。

2017 年 11 月

目 录

第一招 十面埋伏

 引子

入行要有基本功。工作前六年，我带了三届毕业生，在教学相长中，逐步了解、掌握了教学基本功；工作以来的近六年，又以班主任的角色全程深入了两届循环，明白了班主任原来也有基本功。基本功是什么？可以通过比赛，拿到名次，验明正身？如果是这样，我做到了，并也为自己做到而沾沾自喜。可是，经验不可复制，人的主观性与多面性也让教育这行看似有迹可循，却又千头万绪，没有固定的成功模式，只有用心用力地去做。

做了，并可以一直做下去的工作热情靠什么点燃呢？如果是物质，烟火味浓了，人情味却淡了；如果是精神，境界是高了，地气却远了。最真实的动力，是要符合马斯洛需求层次

理论规律的。在不回避现实问题的同时，如何不断向更高层面提升自我，这是由价值追寻到信仰坚守的润物无声。当随风细雨扑面“打”来，我尚可闲庭信步在这条风景秀丽的跑道上，时而为领先者喝彩，时而为迟缓者低语，已是功力深厚。但定睛一看，发现自己的身旁还有只亲生的“蜗牛”在蠕动，还得打通任督二脉。

然而，爱自己的孩子是本能，爱别人的孩子才神圣。当我眼中的学生与自己的孩子影像重合时，一碗水端平的双手该如何学会拥抱？严师慈母的情感闸门该如何收放自如？面对他们，我是成年人，是领路人，可也是初学者。好在孩子们给了我可以边走边学、边学边做的机会；好在我还可以游刃于年轻人的活力与中年人的睿智之间；好在作为龙的传人的孩子们和我都有“中华武术”功底，气运丹田，发功发力。“斧钺钩叉”要耍得有模有样，既得有真功夫，也要懂套路。为此，从四面八方进行“十面埋伏”，态度上主动出击，沿途中主动铺垫，效果上主动预设、静待花开。

一、东方不败喵星人（亲情缘分）

儿子：没人陪我玩。

妈妈：生个小弟弟陪你？

儿子：还是生个哥哥吧。

妈妈：这个，生不了。

儿子：那生个小猫吧。

妈妈：这个……更生不了。

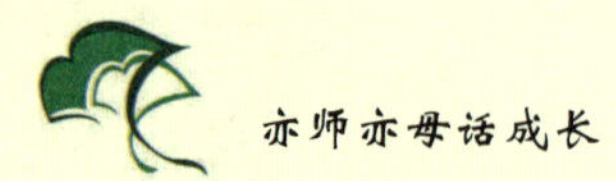

刚工作带的第一届学生基本是80尾，作为一个80初的老师，讲台上“初生牛犊”的侃侃而谈却也掩盖不了讲台下被学生误以为是“隔壁班同窗”的尴尬。因为没有了年龄的隔阂，很容易与学生打成一片，虽然很多的激情都是感性的，却真正懂得“爱生如子”的厚重，所以，2011年，儿子一岁的那年，我开启了“教师PLUS版”——亦师亦母的班主任。然而，学生可以很轻松地用“姐姐”的标准接纳学科老师，但却很难坦诚地以“妈妈”的温度体谅班主任。看来，我的“妈妈功”还不够娴熟，于是，儿子成了我很好的练手对象，但是这个虎年出生，却总是说自己“属猫”的喵星人，也在不断锤炼着我的基本功。

其实，每一个孩子都是妈妈的心头肉，从知道这个生命存在的那刻起，就觉得这一定是个特别的相遇：我一定会好好爱他，但不宠溺娇惯，讲究科学喂养，让他成为栋梁。但随着生物钟的紊乱，继之渐渐引发各种功能的紊乱后，这份爱只能慢慢地潜藏在心底了。因为逐渐发觉，和这样缺乏生存经验的“生物”交流起来，要比想象中困难许多，任何一件日常琐事都可以激发自己对“人”的自然属性的质疑。

按马克思的说法，人和动物的区别是，人会制造并使用工具。人的进化可能也从这项技能开始，比如我们给孩子买许多玩具，开发完智力训练后，一般会让他学会整理。然而就这样一项工序，也要消耗大量“心血”，直到出现这样的勒令——“记得把玩具收好！否则就扔掉！”“你扔掉吧，正好这个玩具我不想要了。”这种淡定让大人恐慌，但目瞪口呆之后才有切肤之痛：“爱不能简单粗暴，爱要稍安勿躁”。

对付一个小屁孩就如此手忙脚乱，要“玩转”40多个大孩子，

我是谁

- 认识：“城里人”的井外天
  ——开拓、团结
- 改变：“象牙塔”的天酬勤
  ——潜能、坚持
- 升华：“园丁园”的向阳开
  ——汗水、收获

真让我“岗前紧张”了一个暑期。好在开学前有个军训“缓冲期”，我“躲在”教官背后，静静地关注、默默地关心、悄悄地准备。紧张又严格的军训结束回校后，借助学生们对见面次数要多于说话次数的班主任的好奇，我精心谋划了一次“我是谁”的见面会。“城里人”的井外天袒露自己的懵懂与幼稚，但因为有团队，所以不孤单，丑小鸭即便变不成白天鹅，但她有爱自己的家人同样幸福；“象牙塔”的天道酬勤吹响青春的号角，因为萌芽的力量来自呼吸，勇敢释放自己的颜色才能有多彩人生；“园丁园”的向阳开可以享受阳光的滋养，因为手中不仅握着修缮枝叶的剪刀，更捧起了对春华秋实的渴望。

就这样，学生们津津有味地欣赏着一部并不完美，但有血有肉的纪实片。从我的高中、我的大学到我的工作，几个时间点故事的选择，也充分利用了自己相去不远的“青春小尾巴”，与学生们分享这一路的风景。同时，我“故弄玄虚”地真情告白学生：“最美的风景将在我们之间绽放，因为你们是我班主任生涯的‘开门弟子’，也因为你们的到来，让我不敢忘记十年前自己选择师范的初衷。”当我把

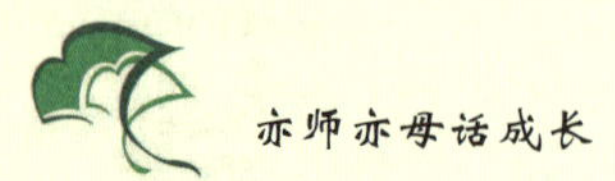

2001 年自己大学军训的照片与今天 2011 级学生们的照片同步呈现时，师生间的缘分就这样被情感认可了。日子久了，学生们会在作文里写到“我的班主任，是一个把我们当成自己宝宝似的新手妈妈”。他们看到了、并接受了我的“稚嫩”，而我也真实地感受到了一家人才有的“不见外”。

有句“恋一个人，爱一个家”的广告词，很温暖。其实教书育儿中，何尝不是“结一段缘，传一世情”。每个孩子，不论是家庭的百分之百还是集体中的几分之几，他都是一个独立的生命，都有期待你驻足的心声。只是因为初来乍到，偶尔慌乱了手脚，甚至给你带来些许困扰，但请相信，他们不是有意的。因为孩子的视角是平面的，他看到的是什么，就反馈给你什么；因为在孩子眼中，你可以真正看到“众生平等”。随着年龄的增长，他们的身上也许会逐渐沾染上世俗气息，如何让这份“俗气”或因“风花”，却无关“雪月”，就要求我们这些长者，尤其是母亲和教师，要有“大智若愚”为他们提供思考脚本的厚度，要有“岿然不动”为他们诠释困惑的信度，这是一条任重道远的取经路。

十年前我和你一样，只是接受，流汗，疼痛，甚至是抱怨；十年后，你定会和我一样，自豪、感动，乃至意想不到的收获。

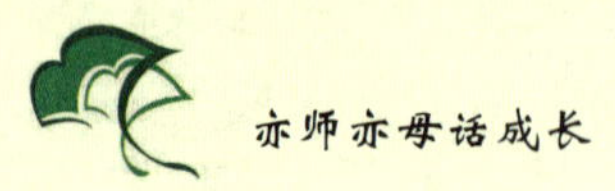

二、南国有家人（人际关系）

妈妈：宝宝最喜欢谁？

儿子：妈妈。

妈妈：妈妈最喜欢谁？

儿子：姥姥。

妈妈：爸爸背着你舒服吧？

儿子：嗯。谢谢爸爸。

妈妈：那长大了你也会背爸爸吗？

儿子：可能没时间。我要背我儿子呢。

家庭是社会最基本的细胞，家庭成员的关系直接影响着孩子日后进入社会的角色扮演。然而，却见过这样一个关于家庭教育的公式：一个焦虑的妈妈＋一个缺失的爸爸＝一个浮躁的孩子。

就从我自己的家庭解剖起吧。娃爸是一名军人，特殊的身份直接给家庭的影响就是“三口之家”的聚少离多。起先还能以军属为荣，可柴米油盐会让你真正品尝到军功章上另一半的份量。家里常住人口是妈妈和孩子，两位轮岗带娃的老人也是女同胞：奶奶或姥姥。爸爸角色的间歇性缺失，对儿子的直接影响就是害怕“男人”这种动物。每次娃爸回来，都要惹得小家伙因为一张陌生的脸而哭很久，甚至稍微大些，会说话了，“你怎么又回来？”成了爷俩的见面问候语。而我自己，则陶醉在自我感觉良好的“赞许”里：有一定知识涵养和境界的新时代女性，同时兼具相夫教子的传统美德。当寒暑假“福利”来临时，更是自己“赤手空拳”锻炼意志和运动减肥的最佳时机，因为两边老人终于都可以“逃回”老家收庄稼了。从家务勤杂工到育儿早教师，经常被自己的能干吓到，当然很多时候也被吓哭。在抑制不住情绪“霸气外露”的时候，儿子肯定中招。其实在生活面前，自己没有那么高大，女人抱怨的天性只是被自己掩盖的比较隐晦不太招摇罢了，可也难免会喃喃自语：“唉，两个外地人，还找了个不回家的主，当时真是脑袋被门夹了”，“唉，生这么个小玩意儿，人家放假，我放‘猪’，真是脑袋被门夹了。”……终于有一天，儿子有了回应：“你现在的样子，好像脑袋被门夹了。”

家长不经意间就举起了可以“一眼千年”正衣冠的铜镜，而优秀的教师则可以起到“小孔成像”知高矮的凸透聚焦。因此，现在很多学校都重视家校合育，这样可以很科学地整合教育资源，但如果不能坦诚交流，反而成了相互指责的推诿。可能不少教师也都体验过

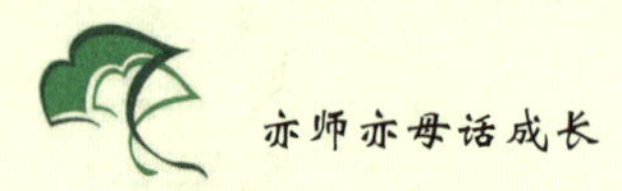

这类“夹板气”，只是“余怒未消”之后是不是更需要思考到底是什么环节出了问题呢？其实，现代社会看似越来越全球化、多元化，但人与人之间的透明度却越来越模糊化，人与人之间的信任度也越来越危机化。比如，每个新生档案里都有父母工作单位一栏，这虽然是对学生全面了解的一部分，但却也令越来越多的人有了遐想的空间。加之中国式家庭，几乎每家都有个“藏经阁”，家丑不扬经难念。家长对于老师，也是“人在屋檐下不得不低头”的心态较多。家长会多了，家访基本消失了；家校群多了，主动交流的却少了。大家可以“毫无保留、肆无忌惮”地各种“晒”，但对“见怪不怪、明知故犯”的病态却讳疾忌医，因为要推动一扇心门，很难、很费力，甚至不讨好。没有时间解释与倾诉，也没有空闲停下脚步。敏感而脆弱的话题，要如何打开呢？

比如单亲家庭的问题，就是个似是而非、错综复杂的问题。咋一看，很多“与众不同”的孩子、“行为怪异”的大人，都会被潜意识地贴上此类背景的“嫌疑”。有次假期，我把儿子放在家门口超市里的儿童乐园玩，我自己就在边上忙里偷闲地把搁置很久的十字绣拿出来倒腾。边上默默观察我很久的一位老太太很同情地问：“你这样绣，一个月能挣几个钱？”原来我也被误解成一个没有工作的单亲妈妈。而身边此类“被单亲”或“隐单亲”的学生群体基本成为普遍现象，教师因顾虑家庭隐私的不便，很难主动探听调研，即便了解了些情况试图去沟通，却发现，对于上了高中的孩子，老师的功能好像无法填充他内心深处的缺失。

记忆中有个学生，每次都迟到，问他原因，只是支支吾吾说家离得远，住了几个月宿舍，却又因不适应退宿了。后和他父母联系，家长总是说下次会再早一些，但也只闻其声、不见其人。心中疑虑孩子可能是单亲家庭，而更让我揪心的是每次他到校和到家的时间。为了安全，我允许他比同学们多一刻钟的缓冲点，而他倒也守时，基本可以在这个时段到达。也许是“特殊照顾”促使他主动和我说起了迟到的原因：他说他不是单亲，只是父母

学 周刊

146

AⅡ01—AⅡ04

不回避问题　方迎刃而解

——例谈如何调试高三冲刺期的心理状态

都在外地打工，留他一个人居住在离校很远的小镇上，并安全提醒“这个未成年人”不要把这个情况告诉别人。我很诧异，更多的是担忧，于是费了很大力气和他家长沟通，让他们在孩子高三最后一年回来陪伴孩子。其实这个孩子的自律、自理能力在同龄人中还是很好的，高三有了家长的陪伴应该状态更佳才对。可是几次模考成绩起伏却很大，精神面貌也很颓废，我找他谈心，准备从他父母对其情感出发加以疏导，结果孩子很淡定告诉我：“不要和我谈亲情，我对他们感觉很陌生。小学毕业就我一个人住了，我不需要他们。”这样的一颗心，要多久才能被温暖？虽然我无法取代父母在孩子们心里的地位，但我理解这种考前心理综合障碍在“亲情细胞”里的扩散，所

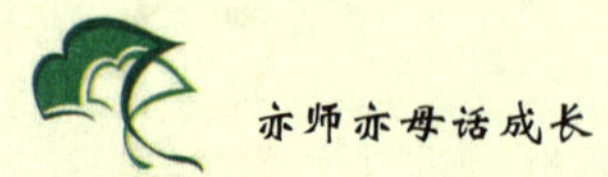

以我没有正面迎击，而是用一次“你好你好，你真好，让我给你捶捶背；你好你好，你真好，让我为你揉揉肩”的同伴心理小游戏给他们释压。而后，我把这次活动心得写成《不回避问题　方迎刃而解》的文章，发表在当地报刊上，孩子们在欣赏老师这篇“大作”时，他也会意地笑了。

三、西伯利亚的寒冷（安全教育）

妈妈：不能吃陌生人给的东西。

儿子：为什么？

妈妈：小心被坏人拐走。

儿子：糟了，昨天吃了。

妈妈：在哪里？

儿子：在超市，阿姨说“欢迎品尝”。

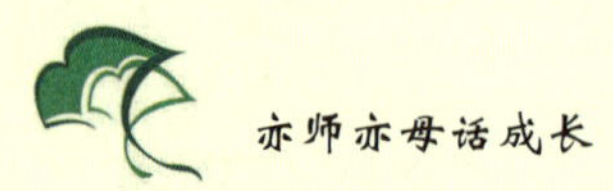

安全大于天。经济高速发展的今天，各类安全隐患也成为大人们焦灼的源头。城市化的车水马龙，导致现在高中的大孩子们都要家长接送，交通拥堵的不仅仅是上班的路，送孩子上学的路上还得进出堵两次。记忆里小时候挂着书包，独自走在郊外的小路上的情形，几乎成了绝版回忆杀。

有人会责怪现在的孩子养得太金贵，尤其是独生子女的几代人，孩子被认为是“命根子”也不足为奇。如果有心关注过“失独”队伍数据的增大与“失独”家庭的悲哀，就无人不为这时代之痛扼腕叹息。但是，二孩政策放开之后的今天，孩子就不再“物以稀为贵”了吗？民众对孩子们的安全顾虑就会降低指标吗？当然不！痛定思痛后的心有余悸，是发现身边的“天灾”竟然很多时候都是“人祸”的变异，旦夕祸福里，最令人发指的是来自同类的“黑手”。作为女性，特别是有了自己的小孩以后，对孩子被拐卖、虐待的新闻不仅仅是不忍直视，更是义愤填膺、怒不可遏。妈妈们敏感的心脏怎么也接受不了，面对毫无还击之力的孩子，面对柔软而脆弱的孩子，扭曲的危险为何如此防不胜防？

所以，各种不放心，各种叮嘱，各种力所能及的求生方式，是现代家教的必修科目。孩子的警觉性也在远离“卖小孩”的陌生人中而显得惴惴不安。有一次，家里冰箱坏了，工人上门维修，一听见陌生人按门铃，两岁多的儿子竟然跑到衣橱里躲起来，还念念有词：“就说家里没有小孩。”被这种机智吓傻的我，事后不忘案例解析，希望借此帮助其确立对“自保”与“胆怯”的区别认知。然而，惊魂未定的他却头脑清晰地教育我：“躲在衣橱里，就算地震也不怕。”这样混搭的安全意识错乱移植，是不是有些矫枉过正了？

社会的恐慌带来人人自危，大人的灌输让孩子无所适从，异常紧张的神经也让学校小心翼翼。最“悲剧”的就是在安全的高压线下，到了学校轻易也不敢让孩子们“乱动”。遥想我们小时候，即便是上了初中，也会见缝插针地跑出来“跳皮筋”；到了高中，学业的负担让我们安分了一些，但好在那会儿的教学楼里都没有厕所，而是远隔一段距离，独立成栋，这样，我们的课间就可以绕操场一周，再跑趟厕所“放风”，何况我们的班主任还是体育老师，每天晚自习之前，操场上都是成堆的人。而看看现在的孩子，确实被呵护成了“惊弓之鸟”，操场成为令孩子们遥遥远望、魂牵梦绕的地方，成为体育课“亲密接触”之后的绝缘隔离区。因此，学生们对体育课的宠爱热度极高，对“体育竞技”的运动会更是翘首以待。只是，随着学校教育管理的精细化深入，教师一岗双责制军令状的承诺、体育教师的教学任务和压力空前强大，运动会时的校园几乎进入“战备状态”：校园的每个角落都有明确分工，无缝对接，动静结合地把孩子们“画个圈圈”保护起来，如果更因地制宜地考虑，可以让孩子们再带上书本当观众。作为“左右为难”的秩序守卫者的学校和教师，一边为“维稳”贡献力量，一边也为学生的

“抗议”而无奈。运动会场上，发令枪声此起彼伏，运动健将奋勇争先，班主任们忙而不乱，回头一看，后备团们却“奄奄一息”，甚至静坐发呆忘记欢呼。瞧，他们还特意给了我一个“宝宝心里苦”的镜头。

其实，我们学校也在不断探索“以生为本”的原则性与灵活性的结合契机。比如每周的两节体育课绝对不许被占用，即便是学业紧张的高三；每天两次课间跑，更是能量释放、舒展身心的师生总动员。然而，“我本将心”的努力有时也会被“斤斤计较”的纠缠驱赶至“安分守己”的胡同。比如，学生在打篮球时发生碰撞，一方把另一方的牙齿撞坏了，在班主任的协调下，双方家长都表示积极配合治疗。但第二天，撞人的学生和家长就翻供了，因为了解到修复这颗牙齿花费较高，而且不能走医保。两个家庭为此闹腾不休，学校从中斡旋身心疲惫，教师瞠目结舌更加胆小。

重视安全，我们错了吗？今天，当我们与孩子交流安全的重要性时，除了常识性的安全隐患和自救技能之外，其实千叮咛万嘱咐更多的是“防人之心不可无”。可是为什么防范未然地给孩子及自己穿上保护的“盔甲”行走在路上时，不是舒心惬意，而是心情略显冰冷和沉重呢?

四、北冥有鱼，记忆七秒（习惯养成）

妈妈：午睡时又和小朋友聊天了？

儿子：是的，我睡不着。

妈妈：闭上眼睛数数。

儿子：数了。总不记得数到几了。

妈妈：那也不能聊天，影响其他小朋友。

儿子：是他们影响我，总问我在数什么。

“播种一个习惯，收获一种命运”，这碗热汤相信很多人都喝过。好的习惯确实受用，可是璞玉般的孩子，在大人们的拿捏中，怎么有的就变成了“顽石”呢？作为教师子女的标配，暂不论成绩如何，起码得看起来知书达理，因此，“三岁看大、七岁看老”的紧箍咒没少对儿子念。小家伙还算彬彬有礼，每次从六楼下来，每个楼层都能听到他问候“叔叔”“大爷”的礼貌用语，更有甚者，到了一楼，非得喊得里面的那位老爷爷“出来面谈”才善罢甘休，因为这位老爷爷经常夸赞“这孩子真懂礼貌”。

上学后，对老师的尊敬更是打“心眼里”欢喜到“嘴巴里”，每天都能听到他从老师那里带回来的“新闻联播”。幼儿园时，他还主动让老师猜猜自己的妈妈是教什么课的老师。在猜了语文、数学、英语都被否定之后，他很开心地公布答案是“刘老师”。在很傻很无语的交流背后，是孩子对教师这个群体的亲近感甚至是自豪感。然而，上了小学后，他竟然发现了一个问题。有次突然问道：“妈妈，为什么你们学校的学生看到你，都不问候‘老师好’？”突然对教师荣誉感的质疑，让我很受伤，就糊弄他道：“这些学生都不是妈妈班上的，他们不认识我，所以就不打招呼。”本以为可以结束这个对话了，儿子却继续困惑：“可是我在学校看到不认识的老师都打招呼的。”我连忙转移话题，夸赞儿子做得很棒，是个懂礼貌的好学生。被表扬得喜形于色后，他还是“略有遗憾”地发出一声叹息：“可是，有时候，老师都不理我。”

因此，想让学生的眼中一直有老师，老师就得把每个学生装在心里。特别是到了中学阶段的学生，他们看似趋于独立的冷静外表下，其实藏有更需要被认可、更渴望被关注的热情，只是在年龄认知的路口，他们羞于开口，害怕拒绝。而我所做的，是从班集体成

<table>
<tr><th>组织</th><th>姓名</th><th>职务</th><th>说明</th></tr>
<tr><td rowspan="6">1</td><td>★曹俊</td><td>组长（语）</td><td rowspan="6">班委成员：
班长、团委、纪委、学委、劳委、宣和（文艺）、体委、生活委员、电教委员、图书委员
学科负责
九门课代表、八大组组长</td></tr>
<tr><td>陈诚</td><td>组长（数）</td></tr>
<tr><td>郁杰</td><td>组长（英）</td></tr>
<tr><td>程瑾怡</td><td>组长（政）</td></tr>
<tr><td>朱璇</td><td>语文课代表</td></tr>
<tr><td>陈缘</td><td>历史课代表</td></tr>
<tr><td rowspan="6">2</td><td>★黄金辉</td><td>组长（语）</td><td rowspan="6">班长：
负责班级所有事务的分工、部署。每天7：15 前到班，组织收作业和晨读。为学生和老师间的交流与沟通服务。
团委：
负责同学们团组织活动及班级文化、学习生活的服务。</td></tr>
<tr><td>张督林</td><td>组长（数）</td></tr>
<tr><td>孟笛</td><td>组长（英）</td></tr>
<tr><td>夏林浮标</td><td>生活委员</td></tr>
<tr><td>江爱琪</td><td>纪律委员</td></tr>
<tr><td>霍思丞</td><td>图书委员</td></tr>
<tr><td rowspan="6">3</td><td>★钱雨洁</td><td>组长（语）</td><td rowspan="6">纪委：班级事务监管、课堂纪律维系
学委：统计监察各学科作业收交情况
劳委：班级日常卫生和校园值日重要负责人
宣委：负责班级板报和文化活动
体委：外出课务和活动整队、纪律负责人</td></tr>
<tr><td>吕昊翔</td><td>组长（数）</td></tr>
<tr><td>钱宇晨</td><td>组长（英）</td></tr>
<tr><td>邱钰</td><td>劳动委员</td></tr>
<tr><td>刘安哲</td><td>电教委员</td></tr>
<tr><td>祁钰雯</td><td>英语课代表</td></tr>
<tr><td rowspan="6">4</td><td>★彭春</td><td>组长（语）</td><td rowspan="6">图书委员：校图书馆和班级图书角管理
电教委员：负责班级电脑管理及信息课
组长：本组内学习、生活负责人、组织每月量化考核</td></tr>
<tr><td>马强</td><td>组长（数）</td></tr>
<tr><td>佟阳</td><td>组长（英）</td></tr>
<tr><td>乔鹏博</td><td>班长（地）</td></tr>
<tr><td>覃彦</td><td>团支书</td></tr>
<tr><td>邵逸洋</td><td>宣传委员</td></tr>
<tr><td rowspan="6">5</td><td>★秦阳</td><td>组长（语）</td><td rowspan="6">关于量化考核：每月分四周积总分，每周按“纪律 + 学习 + 贡献”三项考核，每项 10 分制。总分胜出组推荐到校园之星表彰，期末各类荣誉候选人</td></tr>
<tr><td>马权</td><td>组长（数）</td></tr>
<tr><td>谢雨婷</td><td>组长（英）</td></tr>
<tr><td>孙周渝</td><td>体育委员</td></tr>
<tr><td>周楚翔</td><td>生物课代表</td></tr>
<tr><td>王欣愉</td><td>语文课代表</td></tr>
</table>

续表

<table>
<tr><th>组织</th><th>姓名</th><th>职务</th><th>说明</th></tr>
<tr><td rowspan="6">6</td><td>★翟羽佳</td><td>组长（语）</td><td rowspan="17">
量化表
<table>
<tr><td rowspan="9">九月份考核细则</td><td>组别</td><td>一</td><td>二</td><td>三</td><td>四</td><td>五</td><td>六</td><td>七</td><td>八</td></tr>
<tr><td>纪律</td><td></td><td></td><td></td><td></td><td></td><td></td><td></td><td></td></tr>
<tr><td>学习</td><td></td><td></td><td></td><td></td><td></td><td></td><td></td><td></td></tr>
<tr><td>贡献</td><td></td><td></td><td></td><td></td><td></td><td></td><td></td><td></td></tr>
<tr><td>合计</td><td></td><td></td><td></td><td></td><td></td><td></td><td></td><td></td></tr>
<tr><td>一周</td><td></td><td></td><td></td><td></td><td></td><td></td><td></td><td></td></tr>
<tr><td>二周</td><td></td><td></td><td></td><td></td><td></td><td></td><td></td><td></td></tr>
<tr><td>三周</td><td></td><td></td><td></td><td></td><td></td><td></td><td></td><td></td></tr>
<tr><td>四周</td><td></td><td></td><td></td><td></td><td></td><td></td><td></td><td></td></tr>
</table>
注：1. 每周一晨会，由4组各推荐一篇美文，评选优胜组加分，并为另外4组“百字文”素材，百字文同样评选加分
2. 周二至周五为语文、英语早读，由一名课代表领读
</td></tr>
<tr><td>张万</td><td>组长（数）</td></tr>
<tr><td>张世俊</td><td>组长（英）</td></tr>
<tr><td>余凡</td><td>英语课代表</td></tr>
<tr><td>王文坚</td><td>物理课代表</td></tr>
<tr><td>吴止境</td><td>化学课代表</td></tr>
<tr><td rowspan="6">7</td><td>★仇俊熙</td><td>组长（语）</td></tr>
<tr><td>印晟</td><td>组长（英）</td></tr>
<tr><td>张欢</td><td>文艺委员</td></tr>
<tr><td>仲清林</td><td>学习委员</td></tr>
<tr><td>张鸣宇</td><td>数学课代表</td></tr>
<tr><td>殷子骐</td><td>数学课代表</td></tr>
<tr><td rowspan="5">8</td><td>★曾德厚</td><td>组长（语）</td></tr>
<tr><td>王雨昕</td><td>组长（数）</td></tr>
<tr><td>朱欢欢</td><td>组长（英）</td></tr>
<tr><td>忻好</td><td>劳动委员</td></tr>
<tr><td>徐培航</td><td>体育委员</td></tr>
</table>

立那天开始，就告诉每个学生“我们需要你”的唯一性。在一个集体中，不论是班长、组长还是“九门提督”的课代表，都有不可替代的岗位职责。然而，很多大孩子对“从政”不感兴趣，都希望躲在人群里当个“安静的老百姓”，可就在他们默念“看不见我、看不见我”时，眼前的这位“总教头”已经通过军训时目测获取的身高信息，给大家安排好了“无处藏身”的座位表。紧接其后的是一张对号入座的“岗位表”，解读时我会用简单的一两句评价，从该生的姓名、性格或特长等角度，告知他们这张“各路大神归位图”设置时的考量。高效率、有针对、无死角的“点兵点将”可

以快速地“怔住”学生，然而要真正地“俘获芳心”，还要开诚布公地与学生们一起打造共同的“管理记忆”，形成持久的“习惯记忆”，倾情浇灌“管理习惯”。只有如此这般地“目中有人”，才能让孩子们“心中有度”。

只是，大人们还会抱怨：看看孩子们小的时候，多么单纯，长大了怎么就开始“犯嫌”，不可爱的样子越看越来气。那是因为他们越来越像大人了，成年人的多套标准让孩子们凌乱、模仿、走样。家长抱怨孩子就是不爱学习，那么请反观自己对待本职工作是否勤勤恳恳，钻研投入呢？教师抱怨学生就是不爱读书，那么请反思自己除了教材之外，还有翻阅书籍的好习惯吗？如果习惯表面化，如果习惯实用化，这些所谓的好习惯，也会经不住考验。我们很多时候会对孩子振振有词地说“当年我像你这么大那会儿如何如何……”然后呢？大了以后就可以不要这些好习惯了吗？长成大人就可以理所当然地为坏习惯保驾护航了吗？中国有句古话，叫“先苦后甜”，这里的“甜”很多时候被演绎为可以放纵自我的权利。所以，当我们看到毕业的学生疯狂“嗨皮”，高校的学生瘫下来享受，好像就不足为奇了。因为长久以来，我们的好习惯教育好像只是为了“有朝一日”的隐忍，而忽视了品质的传承。

五、喜鹊东南飞（性别启蒙）

儿子： 有小朋友说要和我结婚。

妈妈： 小孩子还不懂事呢。

儿子： 我们会长大的。

妈妈： 长大了就和现在不一样了。

儿子： 不一样？我就变成女孩了？

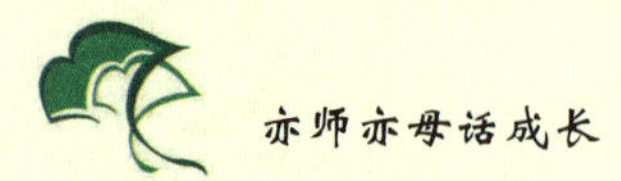

小屁孩吵吵着要结婚的梗，应该每个家庭都逗趣过。大人间相互调侃“幼儿园谈恋爱”“小学生写情书”，其实这些真真假假，部分动力还是源自成人间的“寻开心”。尤其是男孩子的家庭，这类逗乐老少皆宜，在家长们的玩笑里，小孩子就被催生得早熟。也许这只是有“成长记忆”的家庭娱乐方式，然而古老的嬉戏如果只是狭隘地自说自话，那就只能剩下嫌弃。

育儿时，大家是否遇到过一个“棘手”的问题：该如何回答“我从哪里来”的意识觉醒？正面回应会觉得难以启齿，避而不谈、旁敲侧击中又拿孩子作些胡编乱造的低俗打趣。这个现象基本就是目前家庭教育中比较有“民生特色”的性教育弊病，关于此类问题也早有新闻媒体报道披露、反思和分析过。其实，正本清源，父母在这个领域的教育启蒙价值不可替代。

比如“结婚”这个概念，儿子是从观察父母结婚照感受到不同待遇的，继而与难得回家一次的爸爸“争风吃醋”。面对孩子的不理解和无理取闹，我及时告诉他：父母之间的夫妻关系，和母子之间的亲子关系，互不相同但又互不矛盾。刚开始讲这番逻辑关系的时候，儿子听不太懂，但也渐渐明白，爸爸和妈妈的关系好，对自己并没有危害。不过出于求关爱的“私心”，他也许会努力争取，希望妈妈可以把对爸爸的那份好再多分些给自己。于是乎，很多“前世小情人”的男孩子在小时候会说“和妈妈结婚”的浑话，其实这正是孩子对家庭和谐的幸福体验。大人们在不回避说“爱”的同时，也不应该把“爱”妖魔化。

孩子大了，慢慢进入青春期，基于生理客观规律，异性之间的相互欣赏和吸引其实是正常现象，只是有些孩子表现的方式比较激烈，甚至让“早恋”这个话题成为两代人之间的一场硬仗。据有关专家

研究，不太能“理性”把控青春期早恋问题的孩子，除了个体差异外，多数是在幼儿或少儿期较缺乏关爱或正确的感情认知疏导。加之中国式家庭性教育总体趋向保守，孩子越大，得到的“直白的爱”越少。比如，父母基本不再会像小时候那样亲亲脸颊，或者说出“孩子，我爱你”之类“肉麻”的话，而人的本能是渴望、需要情感表达的。因此，想极力证明自己长大了的孩子们，需要独立地得到认可与归属，特别是心理上的情感失衡会加速生理上的青春叛逆。

作为“过来人”的班主任，对待这个问题不可装聋作哑，更不能蛮力对抗。我所擅长的方法是“以身作则”的通情达理。记得2013年的小高考前后，学生们在“同甘共苦”的奋斗中竟然“患难见爱情”。一天，某理科班班主任调侃喊我“亲家”，我才知道我班的几个女生和她班的几个男生“组团相亲”。这个消息让我既惊讶，又自责，由于自己是小高考科目教师，忙于几个班级的备考而忽略了自己班级的“忙里偷闲”。冷静之后，我决定重新“启用”第一次交心时“十年之约”的照片。我问学生们还“记不记得，那次班会我使用了一张自己大学军训的合影，在其下方的文字中，巧用了‘10年’这个机缘，并以‘意想不到的收获’结尾。”这句“套话”里其实有个小插曲，我故作神秘、绘声绘色地说：“由于大学之前从来没有接触过军训，所以第一次军训苦不堪言。又因是第一次离开家，一度情绪很低落，而且对严厉的教官也颇有怨气、怨言，甚至从那时起就觉得，以后再也不会与这些要求苛刻、面无表情的人有交集。谁能想到，我现在的老公就是一个军人。”学生们被我的故事逗乐了，但他们很快明白这“葫芦里的药”是什么：不要给自己的“感觉”妄下定论，“不要在寂寞的时候说爱我”。没多久，几个女孩子陆陆续续都来找我“诉苦”，纠结这段感情该何去何从。我没有太多的

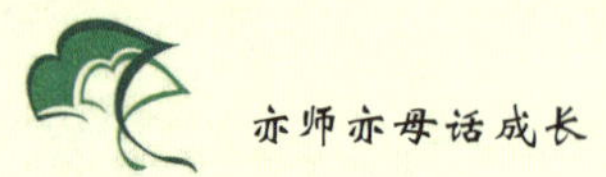

“良策”支招，而是倾听、关注、信任。因为这个时候的孩子，需要的不是办法，而是支点。这一年的年底，其中一个女孩写了封新年问候信给我，她“历劫”成功了。

亲爱的老班：

您好！新的一年即将到来，对于过去的一年里有太多太多想要和您交流的，既有学习上的也有私事，然而不善表达的我终究没有鼓起勇气来找您交流。其实我是害怕，这种害怕从小学开始了，我害怕跟老师交流，也许是我心理上的问题。今天，13年的最后一天，我鼓起勇气，给您写这封信，对自己13年的学习的“汇报”。

13年初，小高考忙得热火朝天，而我却犯了一个永远无法挽回与弥补的错误，就是关于“早恋”的问题

坚守着“重疏导勿逆行”的情感原则，目睹着青春期的孩子们不可回避地与“早恋”撞个满怀时的慌乱和兴奋，我们要有心、精心地为他们备好这堂“爱情课”。当女孩子们都痴迷于“人生若只如初见”的朦胧情谊时，那就由她们组织一场与原作者纳兰性德的粉丝团“见面会”：聊这个人、聊他这个人所钟爱的人；赏他的词、赏他用真情与才学所赋的词；慕一份情，慕一份可以承受与祝福的纯情。

陪伴孩子成长，看着他们长大，需要的是家长、学校乃至全社会的同步关注。许多问题和现象的产生、发展或者恶化，是因为成长的驿站中太多需要我们去化解、去关心的地方往往被忽略了。与其等面对无法解决的困窘时才去懊恼，不如从现在起，做个理智、明智的家长，做个慈眉善目的长者，不回避，多关爱，早引导，不武断。

六、东北大盆菜（守护健康）

儿子：有吃饭比赛吗？

妈妈：呃～～，好像没有。

儿子：如果有的话就好了。

妈妈：为什么？

儿子：我吃得比别人多！

小孩子吃饭，竟然成了一个问题，不是吃不饱，而是不愿意吃。小一些的孩子，为了吃一顿饭，有全家发力追、跑、哄、跳的，也有哭、吵、打、闹的；大一些的孩子，也是挑三拣四、拈肥嫌瘦的比较多。而我家这个却显得有些“不合群”，打小最开心的就是吃饭。一岁半带出去吃酒席，他竟安然地吃完全程，还不忘和大家频频举杯。从那会儿起，就爆发出了“吃货”的潜质。

好歹这也是他的一大优势，并因此而获取周边妈妈们的夸赞，听到最大的赞誉就是“哎呀，这孩子长得多结实啊”。的确，儿子的块头暂时比同龄人略大一些，他也在别人的赞许声中，信心十足又倍感自豪地向着力量型的发展路线迈步前行。看着他吃嘛嘛香的开心样，我们也为身体的本钱积淀而暗自高兴，可是就这样的体格，幼儿园那会儿也并没有免去“隔周一小病，半年住次院”的成长规律，经常光顾门口药店，营业员很热情地夸赞：“你家孩子越长越秀气啊。”我长长叹口气，感谢道：“都是吃你家药长大的啊！”

由此可见，好身体不是吃出来的，得加大运动。所以，每天晚饭后我就会带娃到小区散步、骑自行车，但没多久小孩肺部感染，被医生告知晚上空气不适合锻炼，并做了三个月的雾化没什么效果，后再去大医院，医生更淡定地告知，没大问题，现在很多孩子都有，过敏！各种化验之后，却查不出过敏源。

据有关调查发现，现在孩子们的体质虽比物质匮乏年代提升了不少，可离健康的标准起伏也较大。是“吃”的问题吗？日子富了，油水大了，肥胖儿童到处是。食物丰富了，孩子们基本没有饥饿感的体验了，所以，“舌尖上的中国文化”更多的是上岁数人的回忆录，而孩子们的味蕾正在逐渐失去鉴赏功能。再看看我们高中的孩子，每年体检素质报告反馈的两极分化就更严重了，有过于“茁壮”的在体检时

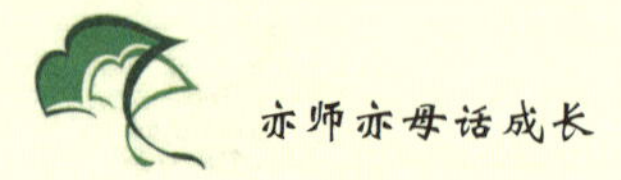

查出“三高”的，也有弱不禁风连体能测试都过不了关的。古人云：对饮食，勿拣择，食适可，勿过则。如何健康饮食、科学饮食看似是一件关于吃饭的小事，可如果“民以食为天”的闸口放任自流，不愁吃穿的孩子们怎么去体会“一粥一饭当思来之不易，半丝半缕恒念物力维艰”。所以，我们要适时地给孩子们开关于“吃”的实践课。高一年级每周一下午的最后一节课，是留给孩子们的“选我所爱”的社团活动课。原以为饭来张口的孩子们对做饭不感兴趣，没想到美食社团的人员爆满，男孩子们对厨房的好奇心更是一剂不可多得的“佐料”。而“自己动手丰衣足食”的课外基地活动课上，和面团的触摸感，让孩子们体会“妈妈的味道”不仅包裹着爱，更有劳作的艰辛。当他们咀嚼着亲手做出来的花卷和披萨时，才真正学会品尝，消化后的营养也才最均衡。

管住嘴、迈开腿，是健康的两大法宝。校园里的集体活动规范有序，而“胆大妄为”的就地取材更别有洞天。阳光灿烂的日子，几个班级约起来，来一场拔河比赛，吆喝声、

呐喊声锻炼的不仅仅是肺活量，更是朝气蓬勃的生命力。秋高气爽的午后，一根大绳甩起来，孩子们飞舞的律动，矫捷的身姿要美过任何一道彩虹。一张张扬起的脸庞是对释放的渴望，如果不予理会，孩子们只会用低头率占领课堂；一个个年轻的生命充满力量，如果用进废退，孩子们只能以缺席率保住健康。

然而，不是所有的食物都可以自己亲手去做，我们需要放心的食品；不是所有的天气都适合户外运动，我们需要新鲜的空气。不少有“条件”的家庭已经开始重视从身边做起，“水来土掩”地搭建起防护网。为了避免地沟油，托亲戚、转朋友地找“农村原态油”；为了避免空气、水、食物里的毒素，花高价买各类净化器。可是离开家门呢？各种刚装修的房子，我们的孩子还是得坐在里面，各种大烟囱依旧冒着欢乐的小泡泡。“还健康给孩子，还好身体给后代子孙，德智体全面发展”不是空话，“东亚病夫”的历史之痛不可再次烙印在我们孩子的身上。

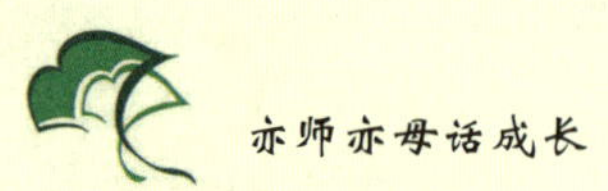

七、彩云之巅（童话世界）

儿子：我和同学的书包一样的。

妈妈：一样的怎么了？

儿子：我的书包是圣诞老人送的。

妈妈：哦～～，对的对的。

儿子：同学的书包是妈妈买的。

妈妈：“撞衫”很正常，呵呵～～

儿子：嗯。圣诞老人还给我写信呢。

没有童话的世界是可怕的。从胎教开始，就用一切能唤醒美好的韵律去敲打新生命的期待；从牙牙学语开始，就用人世间的真善美去陶冶孩子，图画未来的憧憬。亲子阅读时也买了好多绘本，大人表演得口干舌燥，小孩子却听得有滋有味。

也许童话最好的渲染途径就应该是每代人之间的温情脉脉。每次儿子睡前缠着疲倦了一天的大人，要求一个故事接一个故事讲地下去时，会把大人折磨得怒吼“限量销售”，但偶尔也会“触景生情”遥想儿时潸然泪下。当年听妈妈讲故事是多么温暖的时刻，虽然当时都是些“三个傻女婿”“大马猴娶媳妇”类的“土特产”，但却丝毫不影响我们对好人好报夙愿的纯粹笃定。现在自己也做妈妈了，引领幼小心灵走进绚烂世界的“进化重担”已经悄然在肩。

自负肚里有些墨水，对下一代的“关爱”总觉得比父辈们多了些质感，剔除了粗糙，文史子集、古今中外，一股脑儿的齐上阵。很多时候小家伙都没搞清楚白雪公主和文成公主到底有什么区别，又被“圣诞爸爸”忽悠了几年。但是觉得孩子好像还挺享受，所以，“绑架童话”兜售说教的水分也随着孩子年龄的增长在加码。当听完“偷懒的小猫反被老鼠戏弄”的故事，被问到“愿意做那只小猫吗”时，儿子竟然学会了绕道而行，回答“我是人”。甚至有一天，儿子忍不住抗议：“我喜欢看书，也喜欢听故事，可不喜欢你们讲道理！你们怎么总问我问题?”

孩子慢慢地长大了，大人们悉心营造的高效“童话”破灭了，孩子对我们充满了质疑，甚至是不屑。而高年级的孩子们好像对老师也少了许多情感上的信任。为什么我们循循善诱的“售后服务”竟南辕北辙呢？我们的“编织”“引领”和“感召”难道只是欺骗吗？

杨绛曾批评过年轻人“书看得太少，却想得太多”。现在这句话用

在我们这辈人教育子女成长的问题上倒挺受启发。我们希望自己的孩子在多看书的同时就可以同步生成许多“智慧火花”，总是很急切地把我们知道的都和盘托出，用我们认为很巧妙、很聪明的办法为孩子指点迷津。其实，很多时候，孩子并不着急从迷宫里走出来，甚至很享受这个“晕头转向”的过程。然而，在我们大人看来，这是浪费时间，这是反应迟钝，我们有过来人的经验和教训，孩子可以省去太多的弯路，直接冲向智慧的殿堂。所以，当有些教师听到那些“用心温暖细节、用爱点亮触动”的案例介绍、经验报告时，会不屑一顾地认为这些同行“真是闲得慌”，“花花肠子真不少”。但如果你真实地体验过一次“给学生过集体生日”，或者给孩子写一个“充满期待的贺卡”，你会发觉，孩子永远都渴望被关爱，不论多大。因此，即便不能经常给学生们制造“惊喜”，但善于做一个温情脉脉的教师，乐于做一个充满趣味的班主任，还是很受学生喜爱的。特别是当捧出攒满祝福的生日蛋糕，大家一起欢唱生日歌时，学生脸上洋溢的快乐和幸福感，也会让自己回到孩子般的纯真；当用一张 A4 彩纸打印出许多镂空“小窗户”的圣诞树，把孩子们的集体照分成无数份并镶嵌其间时，大家在寻找“我在哪里”时发出的惊呼，会让自己也陶醉在这份童趣里。

传承，需要潜移默化地滋润与吸纳。我们呵护幼小的孩子，期盼用慈爱、聪慧、健康的梦幻未来拥抱我们的孩子。可是沿途中，我们又太渴盼完美，计较得失，甚至是换算成本。幼儿园毕业典礼上，孩童们畅想未来，要当科学家、文学家的少了，要当美容师、明星的多了，而当话筒传到儿子手里时，他羞涩地说要当兵。这些“傻孩子”折射的是他们眼中的父母，折射的是置身其间的真实氛围。美丽包裹的梦想、希望，都随波逐流地褪色，最后成为一个被现实需要、乃至

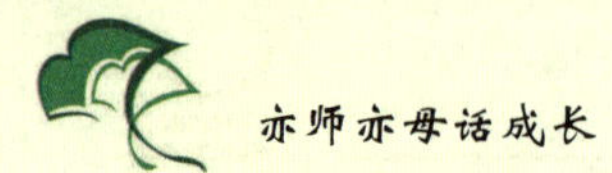

功利取舍而裹挟的虚无。一旦这种换算被孩子看清楚、想明白，他们就会苦闷、纠结、无所谓。因此，当我们再给孩子讲故事的时候，不要再告诉他要如何如何；当我们给孩子传道授业解惑时，不要拿成绩换尊严。太物质的教唆只会滋生更贫乏的精神，尤其是在经济高速发展的新时代下，物质的刺激来得快却走不远，精神家园需要播种诗和远方。

八、套马杆的汉子（性格培养）

妈妈： 男孩子不要总流眼泪。

儿子： 可是我心里很难过。

妈妈： 想想什么事让自己难过。

儿子： 越想越难过。

妈妈： 那就别想了。

儿子： 我控制不住自己。

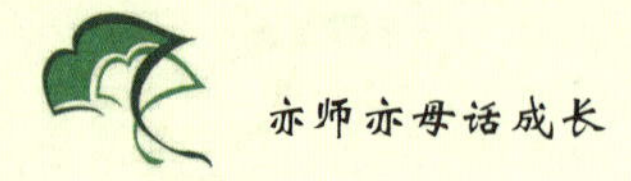

受传统思想影响，人们普遍认为男孩子都应该是谦谦君子，女孩子就应该是窈窕淑女。虽然不反对异彩纷呈的世界给人类带来的新气象，但坚守一份土生土长的乡村气息应该也比较有群众基础。所以，我这个80后年轻教师在育儿带班时有许多“旧习气”：聪明很讨喜，但不是投机滑头；活泼很可爱，但不能丢失憨厚。

当然，物以类聚，人以群分，我自己就是个有些木讷的人。到今天，我都记得小学一年级报到时的情景：入学有面试，老师问了几道算术题，开始都对答如流，可被问到“18－9＝?”时却卡壳了。旁边的大人看我没反应的样子都着急了，小声嘀咕的标准答案谁都听得见，可是我就是不说。回想起来，当时的自己一方面觉得这个不是我的答案，说出来“假的答案”更难堪，另一方面自己真没想到答案到底是什么。而这份无邪的呆滞，被毫不吝啬地传给了我的儿子。看着孩子傻呵呵的童心，有时真是喜忧参半。因为这样的呆萌是有时效期的，一旦一条道走到黑，憨厚会不会变成懦弱？

书上说，和孩子聊天时，不要总问“今天乖不乖”，特别是小的时候，应该多关注“今天开不开心”，确实有一定的道理。儿子每次唱《亲亲猪宝贝》之类的唱词，如“爱我你就亲亲我，爱我你就抱抱我”，很能激活自己的母爱慈悲。但慢慢男孩子大了，总是宝宝般油腻腻的，和我的传统观念又起矛盾了。所以，渐渐地我不能再容忍他嗲嗲地缠着妈妈不撒手，一点不如意就使性子瞎哭闹，而是经常用“男儿有泪不轻弹”去鼓励他性格独立。虽然他才刚上小学，可是年龄不应该成为阻止男孩子走向坚韧的挡板。

心理学研究过，男、女生从心理层面到生理层面，对问题的认知和理解都有很明显的时序性和差异性，甚至有人曾对“一心不能二用”也提出过质疑。据说，男生在动态下对新知识的接受力并不比静态下差，动态下的男孩子大脑中枢处于活跃状态，反而利于更有效地吸收新事物。可是，看看现在身边的大男孩、小男孩们，要么被妈妈们打扮成超出年龄的各类范，找不到属于小朋友的简约；要么是已经被多年“驯化”而成为毫无朝气的样板少年，一旦反抗就是异常极端的悲剧。男孩子们离“男子汉”的距离越来越远，是谁拿走了男孩子的“阳刚之气”？是谁造就了如今谈成绩基本就是“阴盛阳衰”性别失衡？鉴于此，在我的班级管理中，小组合作一直是促进大集体前进的“小马达”。特别是在日益稀释“同桌的你”的单人独坐的教室里，小组成员之间合作的真伪与力度，既可以发挥团结互助、竞争监督的齿轮机效，又可以最大范围地防止“溜号”。刚开始，我也曾顾及到高中的孩子可能会忸怩于“男女有别”，所以分组的时候按性别分开组队。

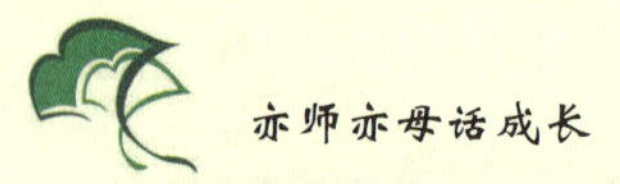

结果他们彼此玩得很开心，可男女生间的“劣势短板”却演变成事与愿违的掣肘。特别是男生“多个臭皮匠不睬诸葛亮”的从众心理更加制约他们的积极性与主动性。为此，之后的小组分配我考虑得就更加全面，不仅从性别上，乃至性格、特长都多方面考量，让小组合作的“最佳搭档”成为人人有空间的小舞台，而不是“主角与龙套”的优胜劣汰。给男孩子机会，让他们正视自己，即便当绿叶，也要努力地绽放该有的色彩。记得，曾经的校园艺术节上，班级选定诗朗诵《雨巷》。男生不约而同地陷入“等、靠、要”状态，认为只要混迹人群就可以平安无事。我因地制宜地给他们找了个能体现男子汉气概的“体力活”，编排出队形，坚定地撑起一排油纸伞，成为画龙点睛的最美风景墙；当班级选出柔中带刚的《军中姐妹》歌曲，男孩子以为“终于没我啥事”可以松口气时，我“假公济私”地把老公单位的军民合作资源充分利用，借来款式不一的橄榄绿，于是男生们挺拔起伟岸的身

躯，站在队伍的最高处，成为最意气风发的口令员。

不论男孩、女孩都应该遵循他们的身心发展规律去成长，而学校更应该成为呵护这份天性的乐土。然而，小学时的课堂会出现控制不住孩子们热情洋溢的局面，到中学的课堂里基本就没有主动发言的动向了，再到大学课堂能坚持去上课已成为奇谈。由爱动到不愿动，孩子们从“奔向”到“逃离”，我们的老师有没有责任呢？我们都在告诫学生要遵守规则和秩序，久之，规则就代表了安分守己，秩序就强化了墨守成规。如何在“没有规矩不成方圆”的古训智慧中寻找到不遏制孩子天性的黄金分割点，如何不再责怪学校把孩子管呆了，不再责怪孩子从小被宠坏了，则需要教师多动脑筋，也需要家长尽力而行。

九、逼上梁山（兴趣开发）

妈妈：最喜欢哪个兴趣班？

儿子：不知道。但最不喜欢围棋。

妈妈：为什么？

儿子：下棋总输，很伤心。

妈妈：不要太在意输赢。

儿子：可是你在意！

记得看过一个公益广告：两个背着大书包的小男孩，耷拉着脑袋在对话。话题好像是对周末充满着无奈，因为有各类小课在排队。那时候自己还没有做妈妈，看过广告之后很不屑，并坚信自己不会是这样的家长。可是现在即便是看到这样的真实景象，也只能在理智的瞬间发出一声叹息。

儿子刚满一岁，我就开始了忙碌的班主任工作，早出晚归地根本考虑不到什么是兴趣开发，家里唯一的劳力是已过花甲的奶奶或姥姥，每天能顾上吃好、别生病就是头等大事。熬到上幼儿园了，由于长期封闭、单一的成长环境，儿子性格内向，害怕与外面的世界接触。为此，上幼儿园小班时，我给他报了个涂鸦的兴趣班，希望他可以多和小朋友玩玩，虽然他没啥兴趣，但每次满手指的五颜六色倒让他很开心。然而，后面两年的暑假，因为我要去进修教育硕士，所以只能从安排时间的角度出发，把兴趣班填充到假期里。结果，从那时起，孩子不喜欢去兴趣班了，因为他意识到，妈妈没空陪他，他到兴趣班是打发时间的。

相信很多理想化的育儿想法大家都有过，特别是我们这辈自认为有些知识分量的父母们，很清楚小孩子最需要的其实是父母的陪伴，是父母的倾注与倾心。自己也曾胸有成竹地认为不会落入俗套，特别是从教育领域的经验和教训出发，自家的小孩一定可以少些折腾。然而，在现实面前还是得低头，由于自身不够强大，许多想法不堪一击。即便在选择兴趣班时，也得考虑性价比，那种国际化、贵族式、高端教育的上万费用就让我这等工薪阶层望而却步。最后，还是选择将孩子“丢在”小区附近的兴趣班里，也可以缓冲下一个外地老人带娃的无奈——腿脚不好楼层高、人地生疏语不通，带娃就像坐大牢，关在屋里又一天。和同龄人闹闹，应该比祖孙俩玩打扑克或追

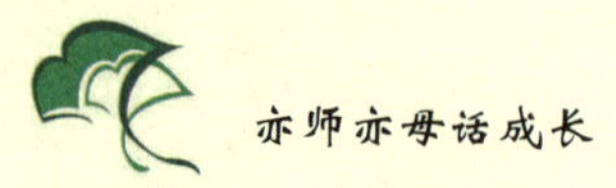

剧有意义。

再后来，要为上小学做准备了。综合考虑后，我还是没有底气“散养”，因此只能尽量人文关怀地、克制地“选课”。选择了围棋，因为认为男孩子得有头脑；选择了游泳，因为觉得这是一项基本技能；选择了书法，因为得字如其人；选择了葫芦丝，据说比较好上手；选择了乒乓球，听说对眼睛好。曾经还选择了画画，却终因受“内伤”太早，拖拉了三年，放弃了。但是还是很自鸣得意地认为选择的都是“技能”性的提升，至于“知识”性的学科培训，就由自己亲自上阵。从汉语拼音到阅读写话，从快乐数学到古诗背诵，拿出看家本领，日常见缝插针，假期更是铺天盖地。为了给孩子和自己信心，幼升小的那个暑假，我制定了课程安排表。

2016 年暑假安排表

	周一	周二	周三	周四	周五	周六	周日
	4 号	5 号	6 号	7 号	8 号	9 号	10 号
7 月（前 3 天休息）	上午： 拼音“ɑi”“ei”“ui”（描红、小册子） 下午： 写数字“1”“2”小册子两页；围棋闯 3 关，一盘对弈	上午： 围棋课 下午： 写数字“3”“4”小册子两页；复习拼音（打印资料可纳入使用）；写字作业	上午： 围棋闯 3 关，一盘对弈；拼音“ɑo”“ou”“iu”（描红、小册子） 下午： 写字课；五点前算术册	上午： 围棋课 下午： 写数字“5”“6”小册子两页；复习拼音；写字课作业	上午： 围棋课 下午： 写数字“7”“8”小册子两页；拼音“ie”“ue”“er”（描红、小册子）；写字课作业	上午： 写字课作业；复习拼音 下午： 写数字“9”“10”小册子两页；闯关对弈	上午： 写字课

续表

	周一	周二	周三	周四	周五	周六	周日
7月（前3天休息）	11号	12号	13号	14号	15号	16号	17号
	上午： 拼音“an”“en”“in” 写字课作业 下午： 写数字“11”“12”小册子两页； 围棋闯3关	上午： 围棋课 下午： 写数字“13”“14”小册子两页； 复习拼音； 写字课作业	上午： 闯关对弈； 拼音“un”“ue” 下午： 写字课； 游泳课	上午： 围棋课 下午： 游泳课	上午： 围棋课 下午： 写字课作业； 游泳课； 复习拼音	上午： 写字课作业 下午： 复习拼音； 游泳课	上午： 写字课 下午： 游泳课
	18号	19号	20号	21号	22号	23号	24号
	上午： 闯关对弈； 拼音“ang”“eng” 下午： 写字课作业； 游泳课	上午： 围棋课 下午： 写字课作业； 游泳课	上午： 闯关对弈； 写数字“15”“16”小册子两页； 下午： 写字课； 游泳课	上午： 围棋课 下午： 游泳课； 写字课作业	上午： 围棋课 下午： 游泳课； 写字课作业	上午： 拼音“ing”“ong”； 写字课作业 下午： 闯关对弈； 游泳课	上午： 写字课 下午： 游泳课
	25号	26号	27号	28号	29号	30号	31号
	上午： 闯关对弈； 写数字“17”“18”册子两页 下午： 复习拼音； 写字课作业	上午： 围棋课 下午： 写数字“19”“20”册子两页； 写字课作业	上午： 复习拼音 闯关对弈 下午： 写字课； 五点前算术册	上午： 围棋课 下午： 算术册两页； 复习拼音； 写字课作业	上午： 围棋课 下午： 算术册两页； 复习拼音； 写字课作业	上午： 写字课作业 下午： 复习拼音； 闯关对弈	上午： 写字课

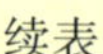
续表

备注	起床：8 点　午休：1 点至 2 点　就寝：9 点（睡前阅读 1 小时至 10 点） 学习时段：上午 9 点至 11 点；下午 3 点至 5 点（此阶段妈妈负责辅导，并见缝插针完成家务） 总体进度：练字、围棋每天有；拼音隔天逐个推进并及时复习；数学会写数字 1—20 及简单加减运算 自由活动：11 点至 12 点；下午 5 点到 6 点 体育锻炼：晚 6 点到 8 点（散步、骑车、打球、游泳等；如雨天则室内颠球、抛球、乱弹琴等活动） 机动调节：周末尽量无笔头作业。未尽事宜，共同协商待定。

老人开心地笑了，终于解放了；娃爸开心地笑了，这媳妇多省心；我也开心地笑了，这样的暑假再也不会担心长胖了。但是娃开心吗？就这样迷迷糊糊走上了不能自主的“康庄大道”，据说今天的付出，是为了以后可以过自主的日子。

都说时代不同了，所以孩子不能和我们小时候那样撒欢疯玩了，各类从娃娃抓起的“素质提升”，不求成名成角，但也得略知一二。对“各尽其能”的重视，说明我们的社会确实在进步；对“不能错过”的奔波，却折射出我们这代父母的恐慌。生活成长在改革开放下的这代人，经历了瞬息万变的进化洗礼，感受了不进则退的生存法则。在知识的武装下，在视野的波长中，不奢望最好，但必须得努力更好，是这个群体最基本的价值定位。所以，这些父母的孩子们，用他们的童年、甚至青少年谱写着大人的追逐，在碰撞中，或相互融合，或分崩离析，而“高考”的战场温度依然热血沸腾。因为多少年来，高考虽然已经不再是通往成功的独木桥，但却一直是民众心中最权威的认证系统，也正因为“万众瞩目”，所以更让孩子们“如芒在背”。

所谓，高考年年有，每年都紧张。一场高考之后，带来的已经不是简单的“喜与忧”的表情符号，而是历经“沙场秋点兵”后的“醉卧君莫笑”的气场。所以，我会和学生们一起屏气凝神地去迎接高考，更会和学生们一起气定神闲地去笑傲高考。这样的“高考财富”才是高中生最值得回味的酱香典藏。孩子们来的时候应该是面带笑容的，离开的时候，即便脸上有泪水，但却没有忘记微笑。“聚是一团火，散则满天星”的离别赠言，是孩子们对自己的勉励，也是师生间遥遥相望的思念凭证。我们当学生把一件刻有“火星”字样的定制工艺品馈赠于我时，我不敢承受“师恩”之重，只是“婆娑”中品尝出“叶茂”的甘甜；当学生把一盆肉嘟嘟的小盆栽馈赠于我时，我笨拙地让这些小花都化作了“春泥”，好在有一张小便签我珍藏多年，永不“褪色”。

亲爱的老班：

这盆花是我们两个送给您的。

这盆花喻意独特：中间那朵最大的花代表着您，周围10朵左右的小花代表着我们。这盆花本是一起生长的，也可单独将小花拔出生长，这正意味着“我大三班，聚是一团火，散则满天星！”

——任双、李海霞赠

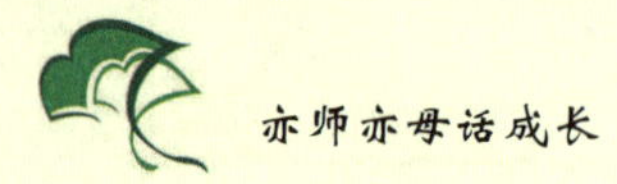

人生的接力赛中，我们都害怕掉队。全家总动员、资源最优化，虽然每个家庭的具体做法不一，虽然每个学校的教育教学管理各异，但面对“兴趣班”或“上小课”问题，大家都没有真正冷静、理性地思考过商品化的教育现象，我们到底是“羔羊”还是“屠夫”?

问问孩子，他们真的有此类方面的兴趣吗？他们真的需要这些“小灶”吗？从他们小时候的“吹拉弹唱”到拼搏高考时的“一对一”提升，是否只能是必选的固化模式？

再问问教育，社会办学的兴旺是教育的繁荣还是泡沫？从事教育行业，埋头一线的教师团队，有没有在这样的大形势的推动之下，而职业幸福感爆棚，体验重教的福音？我们教育的对象是人，是有思想、有灵魂的血肉之躯，但流水线作业的高效遮盖了久违的阳光，奔跑中的呼啸掩盖了疼痛的抽泣。聚焦下的教育切不可竭泽而渔，镜片后的眼神切不可濒临干涸。

十、下不为例（尊重平等）

儿子：请不要喊我大名。

妈妈：为什么？

儿子：你生气的时候才这样。

妈妈：那样你才重视。

儿子：有重要的事，我也喊你大名？

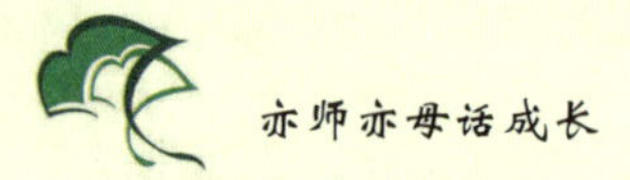

人在成长过程中，首先面临的人际关系即是与父母的相处。中国式家庭关系中的很多传统做法已经成为被人唾弃的糟粕，新型亲子关系极力呼唤“自由、平等、尊重”。作为独生子女一代的“70”后、“80”后，在为人父母时，该遵循怎样的“法理规则”才能既不跌落俗套又能扬我家风呢？

这个群体的父母们是在新旧汇聚中成长起来的一代人，国情决定了我们代代口耳相传所产生的耳濡目染效果具有强大的渗透力。因此，上一辈人的家长权威并没有多大的城乡差异，我们基本是在“严父出孝子”的家教中长大的。然而，社会开放的大氛围给我们的成长期带来太多的新鲜与空间。为此，我们贪婪地吮吸着各类舶来品，我们不再眷恋故土而喜欢远走他乡，我们依然相信知识改变命运，但也会疯狂地模仿、追随嘻哈乃至颓废，我们曾经也很叛逆，很早就被带上“不中用”一代的光环。然而，就是在这种裹挟中，我们超速地变成了中年人，好像都没准备好却已是各行业的中坚力量。初为人母更是如此，还沉浸在“上有老”的依赖时，却已措手不及地念起了“下有小”的育儿经。

然，养儿才知父母恩。你认为用人生换来的经验教训，有时只会成为代沟的助推器；你认为已经很与时俱进地同步更新观念，却永远追不上下一代人的脚步。特别是我们这代，承上启下，用时代赋予的文明开化去提升我们后代的起点，却随处遭遇骨子里对“大逆不道”的抗拒。比如，当孩子对我说：“在你办公室里，可不可以不要训我，给我留点面子。”我会为一个 7 岁孩子说出这样的维护自尊心的言论而反思，然后熊孩子就会在“面子”的庇护下，猖狂地“忤逆”，极力挑战你“伪善”的持久力。比如，当高一新生谈论“我们班应该是差班吧。因为我们班主任都不是教语、数、外

的主科老师”时，虽然机智、果敢地对学生进行价值引领的“自圆其说”，但却不得不感叹，现代文明之花怎么会过早地结出“市侩之果”。

就这样，我们的孩子善于表达自己，但不知道哪句会莫名戳到大人的痛处。他们不再羞于表达“我爱你”，而是让这份爱多了些客观标尺，少了些主观黏稠。无缘无故的爱，纯粹的爱，即便是亲情血脉之间，都被理性的冰冷弱化。当然，也有走极端发展成“溺爱”的，这样的伤害随处可见。我们的孩子敢于对一切说“不”，这是敏锐的进化，也得归功于时代的进步，也许创新的萌芽就是在这样的土壤中才可以孕育。可是，这样的“不”，会随着年龄的增长由外显转为内隐，是及时地帮助他们把这份“勇敢”保鲜好，还是无奈地接受孩子们用怒吼的“胆量”宣泄青春叛逆期的放肆？

高三的学生因“困斗在黎明前的黑暗”而略显敏感和脆弱。家校合力的送温暖活动成为“中转补给的航母”。某次家长会，几位经小组代表推荐的家委会爸爸妈妈们集体登场，为孩子们高考倒计时 50 天呐喊助威。可是在家长会召开之前的中午，其中有位家长代表急匆匆地打电话给我，说单位临时安排他出差，情况很紧急，原定下午给孩子们送祝福的家长会要缺席了。我宽慰了他一番，让他安心去忙工作，班级这边我来想办法。可放下电话，我在斟酌该怎样与这个学生交流。因为这个孩子能被小组同学选出来也是有特殊理由的：之前一次大型模考，他取得了“蛰伏高中”以来最好的成绩。他的逆袭给大家再次创造了“黑马王子”的精神动力，下午的“突变”会不会让孩子有思想波动呢？思索一番之后，觉得还是先和孩子通口气。果然，他对家长不能来的变卦很气愤，强忍着情绪没有在我面前发作。突然，我脑中闪过一个“计谋”，安慰道：

“可是你爸爸准备了特别礼物，一定不会让你和同学们失望的。要相信家长的真情实意哦。”孩子又“阴转晴”地充满期待地回去了。待他离开，我提笔把刚才的想法快速记在一张纸上，又略加修改后，拿出一张 A4 彩纸，找到这个孩子的原高一班主任，请他执笔，把刚才写的虽有些粗糙，但藏有这个孩子名字的一首“打油祝福诗”誊抄了一份。等到家长会的家长代表们“提笔赠字”环节时，我抛出了那首“由沙同学爸爸授意、原班主任书写、现班主任见证”的大作，教室里掌声轰鸣。

做一个好孩子不容易，希望被尊重且是饱含宽容的被尊重；渴望自由平等且是人格独立的平等；害怕被对话且是语重心长的对

致小伙伴

进德修业日漫漫
月明风清与君伴
聚沙成塔终有时
同窗携手黄金岸

话。他们被寄予厚望，被“引诱”着奔向人性文明之路，然而走不了多远，就会自相矛盾迷失在“度”的把控上，甚至会筋疲力尽地颠簸不到下一站，何况终点？

做一个好家长也不容易，被网络调侃为“活成一部西游记”的吾辈们，即便想把人生“真经”倾囊相授，却也无法回避每代人必须经历的“八十一难”打磨。现代与传统的拧巴，早已是近代化路上不可或缺的路向标；理想与现实的出入，定格为成长路上水重山复的螺旋桨。传承不是一代人就能完成的巨大工程，开化也不可能急于求成地与传统决裂、与现实脱节，我们永远给不了下一代具体成型的标准答案，也许“积极参与、用心参悟、仅供参考”才是岁月的真实。

第二招　十项全能

引子

这里借用了体育术语“十项全能”，虽然当前的综合要求不一定得达到“十项全能”的高水准，但“全面撒网，重点捕鱼”的运作理念也可以启发我们去期盼“无心插柳柳成荫”的意外。

何况，技能的获取，无论古今都是从生存到生活的升华，亦如田径运动正是在人类社会发展历史中逐步产生和发展而成的。远在上古时代，人类为了生存，需要与大自然及野兽搏斗，经常走动于崇山峻岭、沼泽平原，横跨溪流、飞越障碍，投掷石块、木棒和各种捕猎工具等。在日常生活中，人们不断重复和改进这些动作，逐步形成了走、跑、跳、掷等各种生活劳动的技能，并把这些技能一代代地传授下去。

我们用不断积淀的厚重去提炼、把控薪火传承的活水源头。我们把技能量化、数据化、精细化，只为遵循和印证时代的车轮是永不停息的。历史洪流不为尧存，不为桀亡，芸芸众生顺之者昌，逆之者亡。因此，我们要武装自己，即便做不到武装到牙齿的精英尖端，也得强身健体以备不时之需。所以，我们教育学生和孩子，在向将军的高度攀登时，更需有“执戈一方、守卫一岗”的士兵素养。要有怀揣着远方的梦想，也需要知道路在何方的明朗。播下种子，都期待成长，即便参差不齐，也是生命精彩的本色。

是的，不能丢掉本色。时代如何发展，文化如何多元，只有民族的才是世界的。中华子孙，遍及全球，蜕不去的是黄皮肤，不能忘的是“老规矩”。仁、义、礼、智、信，不能只背负“三纲五常”的罪名；礼、乐、射、御、书、数，不能只出现在语文课的背诵知识点中。当眼巴巴地看着亚洲邻居们更有传统内涵与力量，甚至彼此扯皮比赛“申遗”时才明白，什么是“失去才知珍惜”的浮躁，什么是“不肖子孙”的历史担当。

自信要从娃娃抓起，自信需要代代传承。因为，自信的家长有力量，自信的孩子有胆量，自信的学校有光芒，自信的民族有希望。自信是什么？自信可以是安身立命的外显本领，自信更应该是以柔克刚的内在强大。

一、仁者无敌的善良

妈妈：为什么喜欢看《熊出没》？

儿子：好玩。

妈妈：哪里好玩？

儿子：熊二。

妈妈：为什么不是熊大，他那么聪明。

儿子：动脑筋很累。光头强也聪明。

妈妈：可是他破坏森林。

儿子：李老板才是坏蛋。你有光头强的电话吗？

妈妈：干什么？

儿子：他肯定又没钱回家过年了。

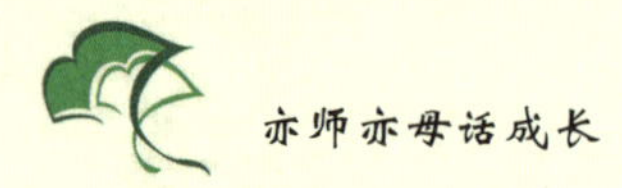

虽然动画片《熊出没》自播出以来褒贬不一，但是我家的熊孩子可是追剧并模仿了满嘴的“俺”腔调，尤其喜欢熊二那股子“气味相投”的乐呵劲。这孩子，可以笑着笑着就哭了：当他看到光头强和他妈妈通电话时，经常泪流满面，甚至还坐在电视机前哭喊“妈妈，我想你”。这样的场景一度也让我感动不已，可是次数多了，他依然哭得很投入，我却开始琢磨他“泪点咋这么低呢?”不过，静下心来想想，可能是小孩子情绪控制能力弱，抑或是“人之初，性本善”的闪现。但为什么，人慢慢长大了后，就坚强地丢掉了心中的柔软呢？比如，让大家许个愿，朴素点的一定会以健康快乐为首选，有追求些的也定会围绕前途命运去遥想。却好像没有谁希望自己越来越善良。因为善良是没有因果，不可置换的。

如何评判与人为善的得失，如何传递日行一善的温度，已经变成了需要“众筹”的课题。专业研究也许可以从技术层面拔高，可也会让世态的赤裸曝光。曾几何时，善良变成了傻，为善就是呆。当历史课堂上，学生讨论百家争鸣各派言论思想时，对“远人不服，则修文德以来之”更多叹息为一厢情愿，对“为政以德，譬如星辰”感慨其沦落为不识时务。尚法、重罚、集权成为赢家。霸气的千古一帝在笑傲江湖时，一定没料想二世而亡的仓惶败局。

而今，站在历史的门外，我们指指点点、评论古今，殊不知每个人都逃不掉沧海一粟的历史染色。尤其今日，在“效率”的鞭挞下，我们把道德束之高阁，我们把仁厚无限延期。似乎，大家都觉得没有耐心经住等待，没有机会允许错过，也没有能力捍卫忠实。但是，即便“集体装睡”也得有人敢于喝醒梦靥，教师就应该是保持警觉的守夜人，学校就应该是捍卫纯良的真勇士。从小入手、从细着眼、从善入行。一只生活在学校的流浪猫，在艺术楼的拐角处产下了几只小猫仔，孩子们发现了很兴奋，围观逗趣。一旁的老师发现了，告诉他们，这样会害了小猫们，因为猫妈妈因害怕而不敢靠近，影响到给小猫喂食，或者警惕的猫妈妈也会感觉到不安全而不辞辛苦地搬家。孩子们很快散开了，因为他们不忍心伤害小猫。没多久，有个孩子跑来找我，说他发现一只小猫落单了，一直在嗷嗷叫，希望我可以去帮帮它。了解了事情经过，我发现这只没被转移的小猫身有残疾，应该是被警惕的老猫“丢弃”了。我也无能为力，只得去请教生物老师，当孩子们听说可能因为他们一次无心的围观，间接导致这只小猫悲惨的遭遇时，气愤于猫妈妈的无情，更羞愧、后悔、自责自己的鲁莽。而这件小事可以传递给学生们的，是珍爱生命、善待万物的慈悲，是与课间借阅图书自觉排起队伍一样的善举。点点滴滴的耳濡目染，不积小流，善之若水才能汇聚成河。

杀鸡取卵不可为，持续发展才有将来。妇孺皆知的道理，有时做起来却很难。可能，很多人都被“活在当下”迷惑了方向。一句

本是励志踏实的立世格言，越来越多地被解读为“今朝有酒今朝醉”；一碗以务实勤恳赢得更好未来的心灵鸡汤，硬生生地被人们簇拥成众人皆醉的“孟婆汤”。这是现代文明人的释压调侃，还是得引起关注的众生相。网络上“油腻中年男”的功成身退、明哲保身，让当前社会看上去多了些太平的温和，却丧失了冷峻思索的能力；下一代的“佛系养娃”哲学观也被新一代父母奉为经典；不争不抢、不好不坏、随波逐流、不分良莠被误以为是随遇而安的豁达通透。一个民族如果从中年的骨干力量开始颓废，乃至已经传染给未来的新生儿，这是多么“想而生畏”的生于忧患死于安乐的警示。

社会再发展，向善向上的火种也不能灭。每个孩子都有一双乌黑发亮的眼睛，应该用它去发现这个世界的美好，即便难免磨砺，眼神中也只会沉淀出坚毅，而不应是丢盔弃甲的混沌或麻木。所以，当为人父母、为人师长的我们伸出托起孩子的双手时，不要惧怕曝光手掌间厚厚的老茧，这里有奋斗不易的失败，更有踏实做事、勤恳为人的善始善终；不要担忧“开窍晚”的孩子总慢别人一拍，因为他的心中装有世界最纯粹的情愫在慢慢欣赏和滋长。也许为此他会错过许多“早班车”，乃至“直通车”，但这又何妨？因为我们的后代需要这样的细嚼慢咽，我们的民族不能在跳跃中断层；因为割舍不了的是绵延千年的儒韵贤风，挥之不去的是华夏子孙宅心仁厚的博大情怀。

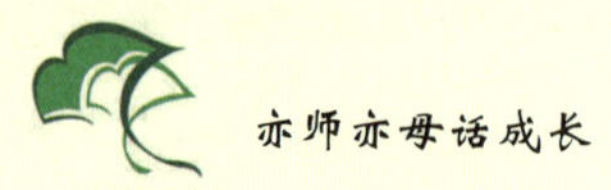

二、义不容辞的表扬

儿子：老师今天夸我了！

妈妈：真不错。夸什么？

儿子：夸我“事真多”。

妈妈：这是表扬？

儿子：当然！我帮隔壁班捡球的。

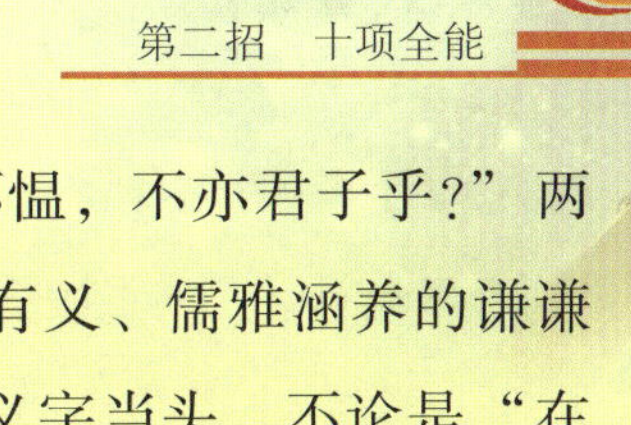

“有朋自远方来，不亦乐乎？人不知而不愠，不亦君子乎？”两句耳熟能详的名言佳句，勾勒出了一位重情有义、儒雅涵养的谦谦君子。泱泱中华有好客传统，朋友相交更是义字当头，不论是“在家靠父母，出门靠朋友”的生存法则，还是“朋友多了路好走”的团结互助，作为群居动物的人类，不能缺少这份社会关系的存在和维系。

小朋友间的相处很简单，谁能与自己一起“吃喝玩乐”，谁就是朋友，偏向感性，关注分享。经常能听到挂在嘴边，好似报菜名般的长串好友名单，也能经常听到翻脸比翻书还快的“打嘴仗”，这样的场景就是被老辈人戏说的“狗脸亲家”，很可爱真实。比如，在小区草地上打滚时，儿子会发挥自己的身材优势，给其他小朋友当马鞍，被折腾疼了，也会“罢工”抗议，但下一次玩时，依旧会不亦乐乎地“冲锋陷阵”。好脾气的孩子有时也会挂彩，但却会不以为然地说“没事，闹着玩的”。可是这样的“皮实”能坚持多久呢？有一次，儿子突然开窍似的抱怨：“其实女孩子比男孩子要调皮，当老师来的时候她们就会很乖，然后老师就表扬女生比男生听话。”友谊的小船在“考核”的现实面前开始失衡。

“物竞天择，适者生存”，本来是自然界进化的规律，运用到社会学也有励志的功效。可是从何时起，人们开始为了“适”而无所不择。从孩子开始，和学霸交朋友，和学渣划界限，已经充斥在当前教育环境里。交友、为人被捧得很高，实际中却为成绩让路。如果连朝夕相处的同窗之间都远离了单纯的真谛，人与人之间的交友根基何在？义与利，似乎已经成为死敌，“舍生取义”的美谈，该如何抵挡“见利忘义”的丑闻？

诚信才能支撑起义气，责任才能扛得住道义。而今，越来越少

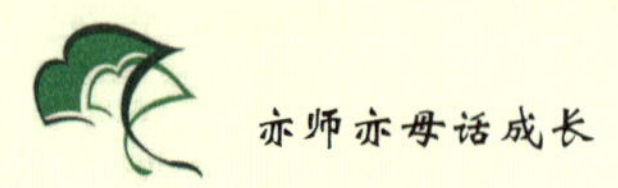

的人敢于“路见不平一声吼”，因为大家都很胆怯。连小学生扶老奶奶都会被讹诈，家长如何敢让自己的孩子去“见义勇为”？事与愿违，人字出头加一点的“义”，别人有难时出手出头的“义”，在中学生群体里竟然也会被纵容为江湖气息的“帮派义气”，校园欺凌事件每每发生无不让人触目惊心。不知轻重的孩子们，或许会因为某项班级积分排名而闹矛盾，虽然他们常说“友谊第一，比赛第二”，可在狭隘集体主义的怂恿下，被小团体主义激活的“义气”往往让他们自己遍体鳞伤，也会把老师们烧得焦头烂额。所以，我们得帮助孩子树立正确的、可取的、乃至双赢的利益观，他们才能看清“秤挑江山”的定盘星。

班级中一直实行的小组合作模式，就是在不断摸索，不断“问题重生”中渐近地让一个班级“元神聚合”。虽然每届从高一组班，到高二分科，再到高三冲刺，小组人员设置、小组合作途径、小组成果绩效等都处于“现在进行时”的边走边调过程中，但变化带来生机、坚持就能当真。刚开始，孩子们会觉得闹着玩玩、流于形式，怎么分组无所谓、如何分工糊涂账。可当慢慢发觉小组里“一条绳上的蚂蚱们”只能同舟共济时，他们开始琢磨“安内攘外”的战斗策略。以图书角借阅为例，为了鼓励学生们多提供阅读价值较高的书籍，每周的量化考核中，除了统计美文摘录反映出的阅读量，也汇总各组提供书目的被借率。结果为了“赚积分”，学生们发动组员在周五的课堂偷偷恶补阅读摘抄，并且不许借阅其他组所提供的书籍，只为“团结一致”提高本组书目的摘抄率。本意为提升学生课余阅读积累的“互促”机制，活生生被他们对付为“互殴”废纸。南辕北辙的结果也说明我这个想法是有漏洞的，所以，我逐步将“浅阅读”的抄抄写写调整为“互阅读”的你说我

评。小组间不再是统一的要求，而是你负责美文推荐，我负责对你的推荐点评，他再根据我的点评形成“百字文”，最后你再对他的百字文“论功行赏”。小组轮作，互相搭台。用赞许的目光去看队友，乃至对手，自己才可以更优秀，而只会踩踏于别人失败肩头的胜出，终究曲高和寡、孤掌难鸣。

团队意识教育一直是学校德育工作的重点，竞争机制也给团队成长树立前行目标。然而，综观我们的孩子却不擅

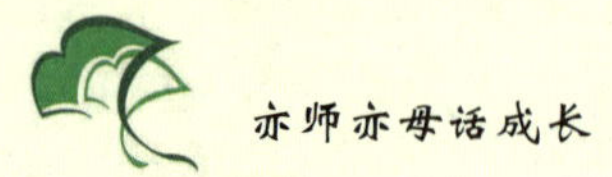

长合作，“一个人是龙，一群人是虫”的“分母原则”让他们习惯单打独斗，充数众人划桨。所以，我们的教育，不能只狭隘地鼓吹小集体对抗外力的短暂爆发，而要关注进退之间、较量之际的合作共赢、取长补短。当然，这得源自内心有容人之量的自我升华。为人的气量与格局，与孩子眼中的轻与重、利与弊、人与我之间的取舍不无关联。凡事不会绝对平衡，但如果心中有了“义”的砝码，人生就不会倾斜。

三、礼仪之邦的涵养

儿子：有个叔叔不懂礼貌。

妈妈：怎么了？

儿子：他和另一个叔叔说悄悄话。

妈妈：这有什么问题呢？

儿子：三个人在，两个人咬耳朵就不礼貌。

妈妈：谁告诉你的？

儿子：爸爸就这样批评过我。

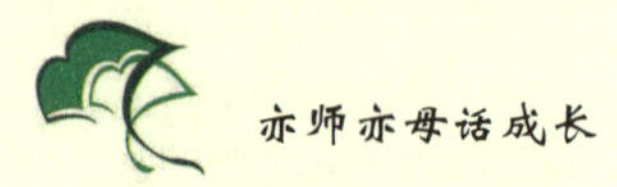

常言道“三代才能培养一个贵族”，这里的贵族不是特权阶层，而是指一种风度与修养，是社会涵养的文化折射。当今，我们已经给予精神文明建设较高的关注，也注重多领域对国民素质的提升。可是，所有的努力，都不及身边人的言传身教见效快。所谓言传身教，也许就是我给你一个拥抱，你给我个微笑。也可能是我冲着你吼，你对着我叫。环视身边的人，在忙忙碌碌中，看似充满了勇气，然则多了几分戾气。在一个“超速超载”的点评模式下，有谁会真正地在乎自己的修养呢？

人们常说，“没文化真可怕”，很多时候文化被解读为知识或技能。可是，随着知识素养的普遍提高，可怕的事情也在同步发展。且不论各类新闻事件中的高素质学府里同室操戈的恐怖阴云，就拿自己所带班级的文化角建设来说，已让人哭笑不得。

新学期，为迎接来自不同学校的高一新生，我除了展示精美的课件、温暖的问候交流和布置一新的教室环境，还冥思苦想了“平而不庸，和而不同”八字标语悬挂在黑板报上方。一方面，充分肯定了他们的青春、朝气与个性，消除他们初升高的陌生感。另一方

面，也希望得到孩子们的心理认可，使他们尽快融入新集体、展现新自我。自以为在初次见面会上，就已经凭历史教师的底蕴，与学生间有了触动或者互动，但一个月后的某个周末，教室因安排成人高考考场，班级文化有文字的部分都被临时移走了。等考试结束再还原时，有个学生把标语重新上墙，结果被他排序为“和而不平，庸而不同”。我没有直接提出异议，而是在一次课间，询问学生们是否还记得后墙上的八个字，大家集体回望，盯着“颠倒的标语”念念有词，表情平静毫无异样。

或许是我这个老师太故作高深，预设的班级文化引领不接地气，结果陷入自说自话的尴尬；又或许是我们的孩子很擅长恶搞幽默，故意逗大家一乐。然而，让我久久难以平复的，是孩子们的“一脸无辜”。他们既没有觉得可笑，更没有觉察到可怕。

但是，孤独的说教是可怕的，没有灵魂的传递是空洞的，而不以为然中的不知不觉更是必须直视的。随风潜入夜的根深蒂固需要教师们的信手拈来。学校里的诸多文明礼仪、中学生守则中的少年风尚，学生们是感同身受还是表里不一？就以穿校服一事为例，如何让越来越趋向成人化审美的高中

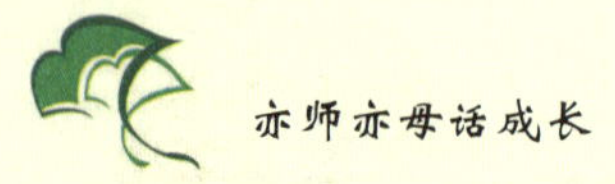

生还挚爱一身学生装呢？问题交给孩子们，他们就是解铃人。一场《新闻联播》的现场采访、一期《焦点访谈》的观点聚焦，孩子们七嘴八舌，有说有笑。想法也许怪异，但这就是青春；执着得有些幼稚，但这就是真实。他们可以把喜爱的动漫风校服活灵活现地画在纸上，色彩斑斓地展示给欢呼雀跃的“援军”，当然，为爱拉票的时候，他们也不忘套用历史课上学到的“中山装设计寓意”为自己的情有独钟打扮一番。就这样，畅所欲言之后，中西合璧之中，理想和现实之差，让他们在交流碰撞中谱写共识。亦如关于服饰所折射的文化和内涵，可以“从任由自己想，到盲目跟风追，再到自信就是美”，虽然没有太多的铺垫，也没有很久的酝酿，敞开心扉就是耳濡目染，慢慢懂了俨然事半功倍。看孩子们拿出初中校服，或饱含深情地回忆昔日同窗，或喃喃自语地不能自已，对校服的那份深情是掩饰不了的，对校服浓缩的校园文化是洋溢在脸庞的，对校园文化的礼仪认知，已悄然书写于孩子们的眉眼之间。

有时候，为了更快，我们轻装上阵，丢弃了太多珍贵的传家宝；有时候，为了更强，我们百炼成钢，却漠视了可以化为绕指柔的风度与内涵。彬彬有礼、温文尔雅，不应该成为装点门面的饰品，应是与我们这个民族血肉相连的真性情才对。可是，为什么大家与之的距离越

来越远了呢？甚至说多了，还会有人觉得是虚伪，那种从鼻孔里发出的不屑，还有多少人能体会到彻骨寒？那么，谁又该做那只唤醒大家，却不怕嘲讽的“知更鸟”呢？教师应该责无旁贷。虽然教育有时也很苍白，在经济浪潮里，教师的穷酸略显斯文扫地，那也得做精神层面的贵族。教师作为文化人，得保持文化人的素养和情操，不同流合污不是为了证明自己的清白，而是要尽匹夫之勇的绵薄之力。

四、智勇双全的求知

儿子：大家都笑我。

妈妈：为什么？

儿子：我问老师问题的。

妈妈：是好笑的问题？

儿子：不是。是简单的问题。

妈妈：不懂就问很好。

儿子：对，要“不耻下问”！

孩子在肚子里的时候，父母唯一的期盼就是他身体健康。孩子健康成长了，父母又希望他能和别人家的娃一样乖巧可爱。再大一些，总希望他可以更聪明伶俐点。尤其是上学之后，智商这个硬件，使得多少宝妈们恨不得将娃回炉重造。

自从儿子上了小学后，教师的虚荣心一直折腾得自己翻江倒海。因为在内心里总认为，自己的孩子不会太差劲，也不可以差劲，否则，自己还有什么颜面去教育学生？可是当儿子第一次默写，全班只有两个人不合格，而他回来喜滋滋地告诉我，是他和他同桌时，我吓得一身冷汗。当听他说帮女生吃一块自己从来不碰的肥肉，只因担心同桌有剩饭会被批评时，我的眼泪又快掉下来了。于是，我也捧起了龙应台的书，开始寻找突破口。

为人父母，都希望孩子成人成才，只是我们更习惯在遥远的终点等待，沿途喊几声“加油”。从起点开始的跋涉，不能是孩子一个人的战斗。因为，不论古今，求学是件辛苦的事，快乐学习、轻

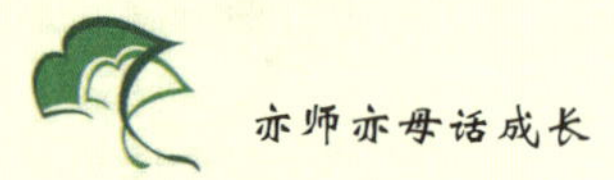

松学习是成功者的“止痛贴”。但求学是一种技能，不是跳板。只有看透了这点，才能坚持把冷板凳坐稳，然后才能感受到温暖的快乐。

很多孩子现在读书上学的动力不足，也许和读书功利化有关。我接触过很多外来务工人员的子女，他们中间有很懂事能干的，但也有不少因父母无暇顾及而情况比较糟糕的。班上有个男孩，随父母迁到江苏，家人在郊区做铝合金生意，离学校比较远，但他从来都没迟到过，而且在班级中很热心，尤其是劳动值日时，从孩子拿扫帚的动作就能看出来，在家也是个得力助手。孩子的性格很随和，也能吃苦耐劳，就是学习中的困难拿不下。我也抓住一切机会表扬他，可是他的学习成绩还是令人头疼。于是找他谈心，他是这样说的：父母虽然起早贪黑很辛苦，但生意很好，日子很充实。他很羡慕父母这样虽然忙，但挣钱快，他早就想去做生意了。无独有

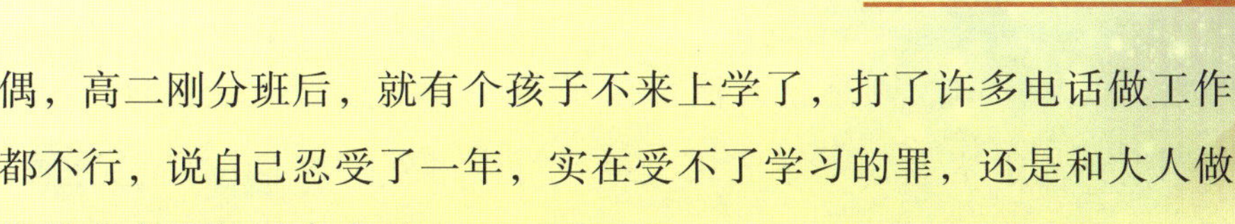

偶，高二刚分班后，就有个孩子不来上学了，打了许多电话做工作都不行，说自己忍受了一年，实在受不了学习的罪，还是和大人做烧烤生意比较适合自己。

如何在市场经济的强大物质诱惑面前重新获取孩子们对精神世界的求知芳心，除可寻求的外力辅助之外，教师的主体能动性该如何绽放独特的魅力呢？因为教育的对象是情感触角丰富的人，而教师与学生之间的“交情”深浅在某些时候会起到润滑或添堵的效果。就像很多年后，学生不记得老师上过的某节课，但会记得某节课上的“故事”，老师也许早就忘记来看他的这个学生的名字，但定会记起与这个孩子有关的“事故”。在忘记与想起之间，教师的传道授业是源头活水。所以，在《近现代中国社会变迁》的历史课上，是从课时考虑，画个表格，填写下知识点，用最容易被打发的边角料剪裁方式，还是“真刀真枪”把历史的主人——每位社会生活的经历者请回来？我选择了后者。当孩子们发现身边的吃、穿、住、用、行就是历史，自己和家人的老照片都是学问，生活的细碎过往原来也是课堂，求知不是摇头晃脑的深不可测，学习不是望而生畏的乏味枯燥时，知识的火种不论如何摇曳，都不会熄灭。当然，这样的教学需要教师大量费时费力的储备与预设，但是这样的课堂却是可以让学生久久不忘的，这样的学习方式是学生心里真正向往的，这样的学生才可以在教师的循循善诱中渴望攀登、前不畏远、后不惧险。

今天，人们核算读书的成本与回报，是为了跟随信息化时代的经济效益，还是“读书无用论”持续发酵的甚嚣尘上？环顾四周，对待求学问题的两极分化也有目共睹。一线城市、精英父母还是很看重读书带给下一代的质感推进，虽然这里也有不可剔除的功利性

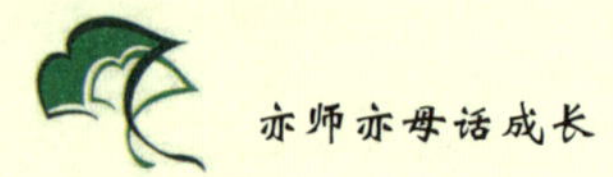

因素。而另一端，则是随大流：孩子还小，不送到学校去能干嘛，起码混到高中毕业，正好成年，最差可以继续父辈们的角色扮演。只是，“读书”不懂“不耻下问”的典故，本末倒置的混沌只是一个笑话吗？“读书”混同于柴米油盐，还能品尝出人生百味吗？讨论激烈的“读书”无用论的热度不减，生命之花还能如此灿烂吗？

五、信以为真的节日

儿子： 今天街上怎么这么多人啊？

妈妈： 大家在过节。

儿子： 什么节啊？

妈妈： 光棍节！

儿子： 什么是光棍节？

妈妈： 只有一个人，就使劲花钱。

儿子： 我也想使劲花钱。

妈妈： 不可以，那样你就成光棍了！

过节是小孩子很期盼的事情，热热闹闹，轻轻松松。看着大人们聚在一起嘘寒问暖，忙作一团，每个人都和颜悦色，小孩子偶尔放肆，也可以被忽略。儿子很早就体会到了节日给自己带来的福利，尤其盼望着，哪怕盼望到周末也好。

而传统佳节又是民族文化的重要组成部分，从春节到中秋，每逢佳节都放假，这点大家很喜欢。在增加这些传统节日的民众回归率时，节日带给人们的只是简单地放松一下吗？话题可能又有些沉重，但客观说，现代人对传统节日的领悟力，渐渐与“很久很久以前”背道而驰。以我自己为例，成年后的节日感在体验亲情团聚、叙旧释放的同时，更多的是迎面扑来的情感压力和物质负担。或许是活得太虚伪，亲戚朋友聚在一起不能纯谈感情，太多的维系是离不开经济保障的。而当前高密度的互动已经让越来越多的人不堪重负。

小孩子单纯许多，所以他们很容易快乐。简单的快乐是让大人们羡慕的，但也是不可复制的，久之，我们开始看不懂他们的快乐，甚至要明令禁止“整天傻乐呵”。班上有个男生，整天昏昏欲睡，精神很差。家长反馈说小孩每天都睡很晚，问他就说在写作业，可是还经常出现作业没写完的情况。想了很多办法，家长甚至陪孩子一起熬夜、谈心，再与我沟通，合力交流，都收效甚微。直到有一天，物理老师在课堂上没收了一批“橡皮印章”，经查，竟是这个男生每天熬夜给大家雕刻的新年礼物。当我为这种执着精神、这般天赋才艺叹为观止时，不经意问了一句：“你给爸爸妈妈准备的新年礼物也是印章吗？”他竟反问道：“大人要什么礼物啊？”看到孩子这般反应，只能说他还真是个孩子，一个保持着孩子的童趣却有些长不大的“小孩子”，一个向往“深情厚谊”并自

我感动不已却忽视亲人感受的“傻孩子”。难道节日只属于孩子，节日就应该放纵，大人只要继续为孩子准备礼物就可以了？

传统佳节应该是举国同庆时的文化晕染契机，家国情怀应该是薪火相传时的泽被后世子孙。我们学校的“花山秋韵”艺术节就是这样的一个舞台。每年金秋，花山校园里最绚烂的风景，就是孩子们这一场场欢庆青春节日的歌舞飞扬。然而每个班级在精彩亮相之前，都要经历浮华到质朴的沉淀，艺术与文化的交融。一首看似简单的大合唱《国家》，从选歌时“嘻哈狂潮泛滥、嫌弃老歌旧曲”的混沌，到“家是最小国、国是千万家”的共鸣；从排练时的间奏填词、手语模拟的甄选自学，到汇演时横幅点睛、教官助阵的向国旗敬礼，无不是孩子们最激动的时刻，也是对孩子们节日的最崇高的礼赞。

让我们和孩子一起过节，一起认真过节，让节日为我们增添欢乐，更传递永恒。切不可节日的“由头”和种类越来越多，可以享受的物质满足感越来越强，物化堆积起来的“强颜欢笑”却越来越

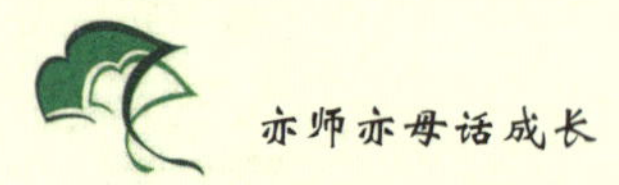

狰狞。多么喜庆的中国大年夜，再远的人都要“挤”回家过年，是因为根深蒂固的地方有“还是那种感觉”的年味，魂牵梦萦的故里有宗法血缘的情感维系？还是万里迢迢也要摆脱他乡异客冷冷清清的孤寂，乐此不疲地用奔波证明存在，再以仓皇逃离结束短暂的归去？

人们的生活水平在提升，而精神高度呢？传统节日不仅仅是要庆祝佳节，更要秉承传统。今天，学生们对洋玩意知道甚多，也一度忘乎所以，分不清良莠和糖衣。亦如热闹程度不亚于中国新年的圣诞节，孩子对其的欢呼，是贪图物质享受、沉醉幻想美好呢，还是已经被“外面的和尚会念经”所蛊惑？所以，在圣诞节的那天，国旗下讲话并没有回避这个问题，而是抓住这个契机，让他们知道“圣诞节馈赠礼物的功能已经众所周知，而对记录下孩子们行为的规范和监督职能，却被许多人所淡忘了”；让他们懂得“洋节”不可盲从，只是“多一次对自己生活的反思，多一次彼此良好的祝福”而已；让他们凝聚民族特色的珍贵，从心底里占据文化自信的高地。对“快感文化”热衷的背后，是精神黑洞漩涡的暴露，我们要用千年文明的故事，驱赶“淡忘”的寒潮，我们要用字正腔圆的声音，传唱亘古不变的温馨歌谣。

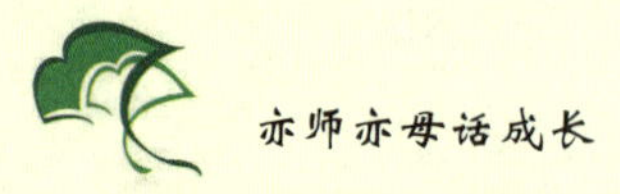

六、鼓乐齐鸣的拼妈

儿子： 唉，树叶画没选上展览栏。

妈妈： 重在参与。

儿子： 大家都做得很漂亮哦。

妈妈： 那就多向同学们学习嘛。

儿子： 都是同学的妈妈们做的。

妈妈： 能干的家长越来越多了。

儿子： 加油！我相信你会是最棒的家长！

有一首十三岁小朋友写的诗《打仗》：“假如我/生活在战争年代/别人冲在前线/我就只能在旁边/喊加油”。简短的几句话，却很耿直地说出了现代人的心声——做一个“充满正义感”的旁观者，鼓励别人，感动自己，遇到问题，哭爹喊娘。

我们小的时候就听过一句流行语：“念好数理化，不如有个好爸爸。”虽然我只有穷爸妈，但我的爸妈也是好爸爸、好妈妈，因为他们勤劳持家、省吃俭用，让我和弟弟站在他们日益佝偻的肩膀上，只为让我们可以比他们看得更远、过得更好。现在回想起来，一家人众志成城，为过上好日子而一起努力的点点滴滴，虽然有流汗的辛苦，却也有含泪的微笑。特别是每年大雪纷飞的时候，看着家家户户都避寒取暖地往屋里躲时，我的父母却是迎着风雪往外面冲。他们想去田里多挖些大白菜，因为这样的天气可以让滞销很久的蔬菜好卖一些。在为父母担心的同时，我们也暗下决心，长大后

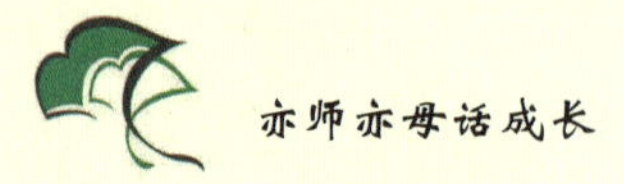

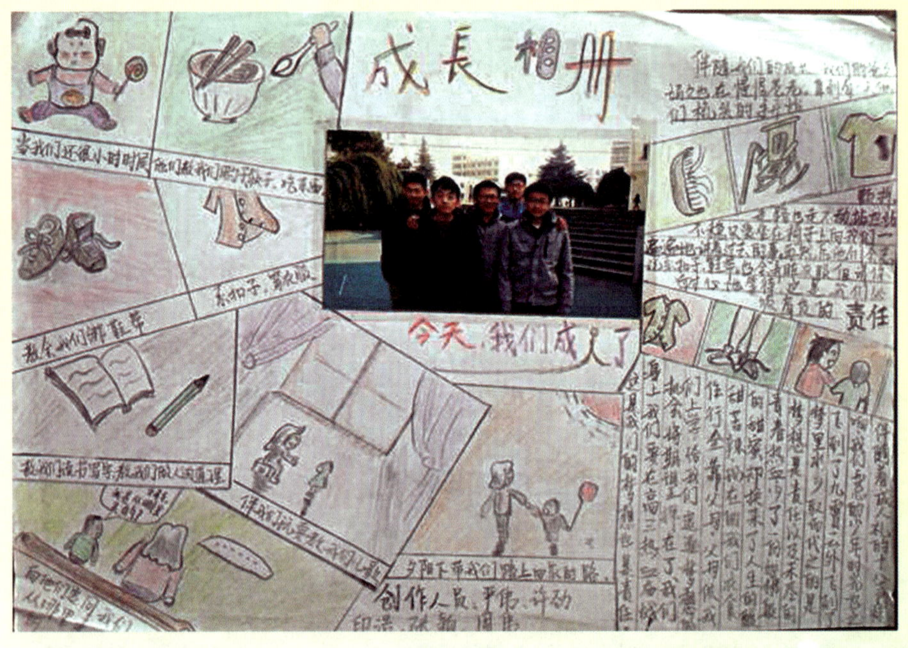

不要当农民。

也许常言说的“人往高处走”是一种历史进步，但回望以往匍匐的路，把他们踏平了，甚至被遗忘了，那会是一种怎样的凄凉？经常看到或听到一些诸如“我爸是李刚”的败家子坑爹事件，我们在为这群特权阶层自食其果而暗自叫好的同时，也会为不争气的下一代作践自己感到痛惜。然而，看热闹不嫌事大的葡萄酸心理，往往蒙住了自己的眼睛。“坑爹坑妈”的何止权贵子弟，普天之下的子女们基本上都会踩在父母头顶上“作威作福”。

单就我们这批“80后”而言，逃离家乡，背离农村，远离父母，上辈人含辛茹苦地把我们送达一个高度后，只剩下眼巴巴的等待，然而等来更多的是“空巢”。抑或是随子女大迁徙的“候鸟老人”“漂族老人”“郁闷老人”应运而生。看着在城里打拼的儿女们，不得不当起全职保姆；想想守了一辈子的薄田邻里，故而每逢

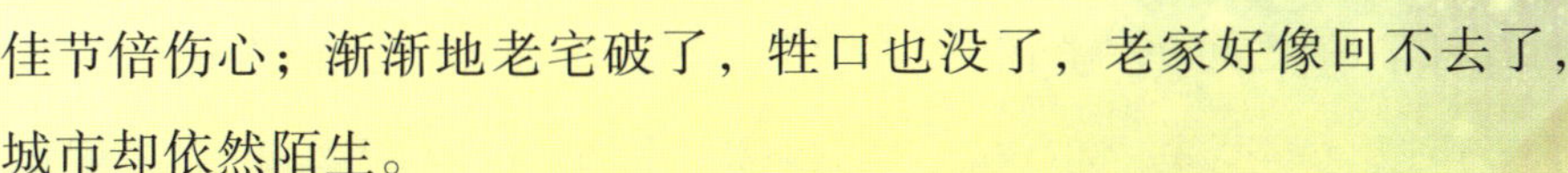

佳节倍伤心；渐渐地老宅破了，牲口也没了，老家好像回不去了，城市却依然陌生。

但是城里人的父母，是不是就可以幸福地跳起广场舞了呢？城市，没有了生存底线的迫切，多了份安逸，少了些奋进。“养儿防老”的旧思想在这里变成了“有老可啃”的自豪感和自信心。亦如，当我拼尽全力挤进这座南方的鱼米之乡，追逐进步、向先进靠拢时，既看到了知识改变命运的力量，也感受到对本地外乡人不安分的睥睨；亦如，在偏远县市中见怪不怪的慷慨激昂的求学奋举、捷报频传，到了这里，学生们在资源配置的素质教育中，多了些淡定的资历，错位发展，成功好像很容易。这也许就是城乡差距，乡下的父母有的是力气，城市的父母更需要有实力。

可是，不论哪里的父母，都有一颗让世人可怜的父母心。养儿方知父母恩的时不我待，不能让孩子们重蹈覆辙后才如梦初醒。所以，我们的“十八岁成人礼”，是一个珍贵的见证。那一天到来之前，我们会事先珍藏好一封封家长们的万语千言，汇聚出一份份孩子们的真情告白；那一天到来时，孩子们会害羞而热切，热切地比拼谁的妈妈曾经更美丽，谁的爸爸疼爱孩子却一直默默无语；那一天的教室里，家长们与孩子簇拥而坐，他们盛装出席又小心翼翼，小心翼翼地打开信笺期待一种回音，小心翼翼地逐字逐句品尝一番。济济一堂

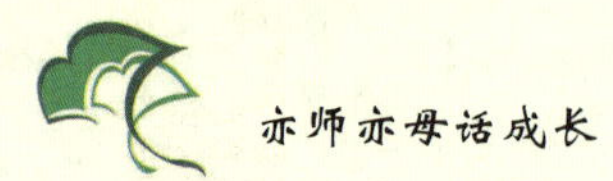

的有母子情深的欢声笑语，有难以自已的掩面而泣，也有偶尔出神的轻声叹息。原来，心与心之间也需要桥梁、人与人之间都渴望坦露，今与昔之别也许是时空，但不变的是代代相传。

而今，农村的父母使用洪荒之力，把我送到了城里，我也渐渐地变成为人提供依靠的城里人的父母。当前社会占不少比例的如我辈这样“城乡结合部”的群体，好像已经慢慢淡忘了祖辈留下的那种憨劲、蛮劲，而是多了些城市的前瞻性和灵活性，并在自我陶醉于“进化论”的优胜感时，竟然已经不知不觉地站在了“正值壮年”的浪潮中。当所有的目光聚焦在我们身上时，只能进、不能退。我们昂首挺胸，因为工作需要我们，我们也需要工作，虽然能力有限，可依然相信事在人为；我们坚忍不拔，因为我们左手有父母，右手有孩子，虽然不太能撑得了顶梁柱的厚重，可依然负重前行。因为，不忍家人眼中的失望，才能点燃社会的希望。

七、胡服骑射的技能

儿子：我是不是很差啊？

妈妈：不差。“龟兔赛跑”中的小乌龟更慢一些。

儿子：可是如果“小兔子”不睡觉，我是追不上的。

妈妈：你身体这么好，最后几圈肯定能追上。

儿子：现在第几圈了？

妈妈：还早呢。妈妈现在也在跑。

儿子：原来你也是小乌龟。

妈妈：嗯？

儿子：邻居家开宝马，我家只有别克。

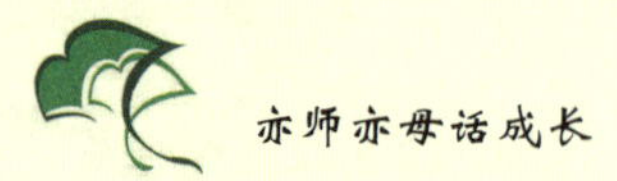

据说笨鸟先飞的故事还有个番外篇，就是笨鸟下个蛋，让这个蛋去飞。当我用这个原版励志故事启发儿子时，他显然还没意识到来自“别人家的孩子”的压力和反感，而是问了句：“先飞，不犯规吗?”看来从小灌输的“规矩”太多，开始有副作用了。于是，依靠想象力给孩子“画个大饼”：这是一场不限时的比赛，有条多边形的跑道，不在乎什么时候飞，而在于能坚持飞多久。至于飞到哪，飞多高，取决于每只小鸟向往的风景。为了给自己台阶下，我还特意美化了自己这只“农村小鸟”追逐城市美景的励志故事，结果儿子听后眼泪汪汪，还惺惺相惜地说：“你这只大笨鸟，现在还要带着我这只小笨鸟，飞得不就更慢了嘛。”

经常这样，一大碗鸡汤，我们娘俩你一口、我一口就喝完了。偶尔还过分地惦记着，再来一碗。关键是，这个秘方一经发酵，现已可以“在家内服，在校外用”。

我们学校的大门上写有“为生、为人、为才”的“三为”教育宗旨。刚工作时，不太明白，对领导解读的“我们学校培养的学生素质，决定了数十年后这座城市公民的素质”略有不解，总觉得作为一所普通高中，在目标设置上就比重点高中显得低层次了些。但是，在体会了“小乌龟”和“小笨鸟”的努力与无奈后，我开始懂得用心去尊重“做最好的自己”的伟大，开始用情带领学生们一起畅饮“争做一流的二流学生”的“迷魂汤”。我们的学生可以把整个校园的边角都打扫并保持清洁，可以把教室贴满他们自己的各类杰出作品，可以在每周的班晨会上侃侃而谈，为同学们做心理 SPA，可以把只统领五六个成员的小组长工作干得有模有样。

高一的舞台，只要给予安全的提示，他们就可以编排出《焦点访谈——青春校园“幸”福人生》的特等奖主题班会；高二分班后，完全没有重组的内耗，而是以一首通力合作的《国家》大合唱，一举拿下校园花山秋韵的一等奖；高三冲刺期，也能够在省级公开课上潇洒自如，尤其是在听课互动环节，当听课老师对这个课程的过程进行现场提问时，学生们竟然“救场自夸”：“我们班是最棒的，希望校长以后多给我们班级这样的展示机会”，“今天我们班主任是最漂亮的，希望她以后每天都这么打扮自己。”虽然这些问题都跑题了，可是评课专家和教师们却对这一“插曲”给予了热烈关注。

“望子成龙，望女成凤”是每个父母的夙愿；“名师出高徒，高徒出名师”是每个教师的期盼。为此，我们殚精竭虑、重拳出击，对成功的渴望促进了整个社会的奔跑式发展。勤劳的父母、勤勉的教师，生拖硬拽地让孩子们很小的时候就开始讨厌学习，对成败的过度

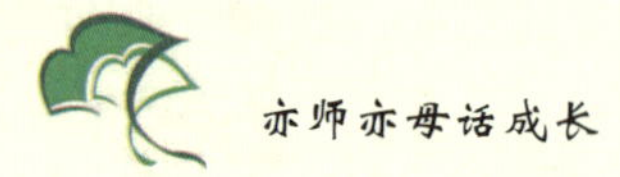

关注带给孩子的挫败感，远远大于获取技能的成就感。其实，大人们也很累，也会心疼孩子，偶尔闪过“放他一马”的念头，可冷静一看“环滁皆山也”，不甘心与不自信，只能做大势所趋的努力。只是，大势之下，人人又只想出人头地，普通的岗位不愿做，基层的工作没出息，勤勤恳恳、默默无闻的平凡人，会在生活甚至生存中遇到许多困境。这就是矛盾之处，社会呼唤“工匠精神”，而底层的工匠早就不希望子承父业，顶端的高科技工匠又非普通人所能及。所以，大部分的国人，在半尴不尬中不放弃、不服气、不作为。

教育不能只关注两头：尖子生和后进生；评断也不能只关注成败：社会精英和闲散盲流。关心、关注绝大多数的普通人，各尽所能、各有所乐，既是共产主义的蓝图构想，更是今时今日的百姓心声。什么时候乌龟不再需要和兔子比，笨小鸟也不会放弃对飞翔的眷恋，和谐的可持续发展才会梦圆通畅。

八、御驾亲征的大学

妈妈：这所师范大学是我的母校。

儿子：吃饭大学？不需要上课吗？

妈妈：上课是要抢座位的。

儿子：比红包还难抢？

妈妈：小屁孩不懂。

儿子：姥姥肯定懂。

妈妈：为什么？

儿子：她来开过家长会。

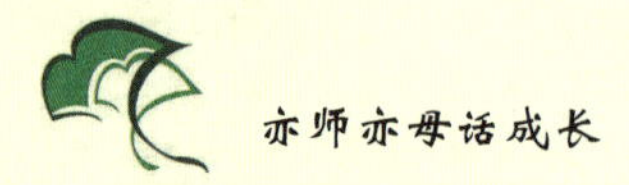

大学生是个光荣的称号，即便在今天，大学教育已经从精英培养向大众化普及，大学校园依然是曾经年少的逐梦场。我们上大学的年代，大学已经开始扩招，师范生的优势已过了“铁饭碗”风头。而自己所有的高考志愿，都填写了师范院校，这源自从小对教师职业的向往。虽然没有进入期盼的第一专业，而是“服从”分配到被我那大字不识的老娘调侃为“秤砣系”的冷门历史系，好像等待我的亦如流行语所言的“毕业就是失业”。可我不信命，难道这个社会不需要努力的人吗？带着这股劲头，我上课都是坐在第一排，我的笔记成为期末考前大家复印的对象，第一次综合测评成绩，在120人的大班里排第二。当辅导员让第一名的同学入党，第二名的我拿朱敬文奖学金时，当连续四年“三好学生标兵”和“国家一等奖学金”证书，为我获得了进入今天工作岗位的试讲机会时，我觉得努力是有回报的，我感到这个世界还是公平的。

大学，依然是如我辈的广大群众们改变自己、提升自己的公开、公正的途径。所以，当今天的学生们对高考无所谓时，我会与他们分享自己大学期间借了室友的衣服去参加学院的“主持人大赛”时体会到的那种只有在高校才能品尝的视野激荡的价值提升；当学生们畏惧学习的难度，准备束手就擒时，我会与他们分享自己大学期间如何在普通话都说不标准的情况下，蹭听同学的《疯狂英语》磁带，壮胆去校园的English corner与别人饶舌，翻烂526页的《星火英语》，拿下英语六级，以此告诉自己，我也可以。

大学这块金字招牌，大小通用。当儿子还不太懂求学为何物时，我也会与他回忆这段青葱岁月，给他讲述一千块钱的生活费，如何用到大学毕业。因为在菜市口举牌找到的家教工作，让我更珍惜时间；因为最后一个暑假每周五份工作的体验与收获，把自豪写在了脚踏车磨出来的老茧上，把激动浓缩在父亲接过第一个电动剃须刀的温暖手心里。当儿子吵吵着假期要出去玩时，我选择在他入学前的那个假期，带他去趟师大校园。看到焕然一新的户外篮球场，我为儿子描述，当年宿舍里几个文静的女生为了体育过关，抱着从没摸过的篮球苦练定点投篮和三步上篮的飒爽英姿；经过信息楼时，曾经连电脑和计算机是一回事都弄不清的乡下丫头，忆苦思甜地告诉儿子，为了练习盲打，自己照葫芦画瓢地手描了个键盘模型训练手感。可是儿子对“大学家长会”的神反应，立马让我从自我陶醉中清醒过来。

大学到底是什么？它既不同于基础教育的“手把手看护”，也有别于社会大熔炉的“泥沙俱下”，它是衔接二者的钢筋混凝土。而今，大学的含金量早已不再如计划经济下那般高浓度，但现行社会环境下，却依然可以号令千家万户为之努力，因为它成为生活的必需品、现代人的精神标配。拥有了，也没什么稀奇，但缺失了，

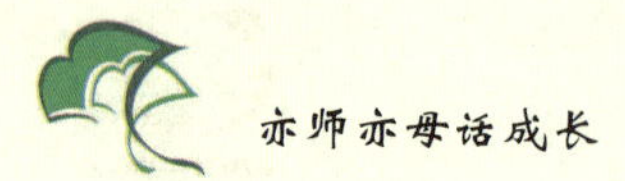

却影响建筑的质地。因此，对于今天的学生，大学的外驱力明显不足以调动他们的胃口，昔日独木桥的象牙塔，已经发展为立交桥的枢纽站，人人有学可上，大学已不是终点。如果继续以“大学能带来什么”的功利化诱导去激发我们的孩子，一切只会变得愈来愈没有说服力和感召力，甚至会恶化大学“圈养”年轻人的畸形功能，最终造就出一批高不成低不就的“巨婴”。

所以，高中时期的教育不能“海市蜃楼”地引诱学生，高中阶段的教师更不可“饮鸩止渴”地欺骗学生。高考的终极目标不是以“上大学”为结局，而是要以“致青春”为追求。我们学校提倡的“一年高考三年抓”的内涵即是“钓胜于鱼”的教育理念，不在意你抓到的是“虾兵蟹将”还是“深海蛟龙”，不畏惧中流击水的浪遏飞舟才是“放之四海而皆可”的真正弄潮儿，不以成败论英雄的“我辈岂是蓬蒿人”才是“天生我材必有用”的奋斗自信。孩子们没有了“滥竽充数、混迹江湖”的稀里糊涂，才敢在“来得更猛烈”的暴风雨里撑起一架翱翔的“纸飞机”，才敢在姹紫嫣红的春色满园中争相吐纳芬芳、不负守候花开。教师们没有了“得过且过、今非昔比”的囫囵吞枣，才会在离别之际“才下眉头却上心头”地录制“日日见君却思君”的悠悠我心，才会在送进考场之际准备“挥挥衣袖不留下牵挂”时，却在孩子们

“求拥抱”的臂弯里沉醉。在为国求贤、为民塑才的传送带上，我们不能成为“摩登时代”的钳夹工，虽然日益熟练却机械默然。教师手有余香，学生就手有余温。

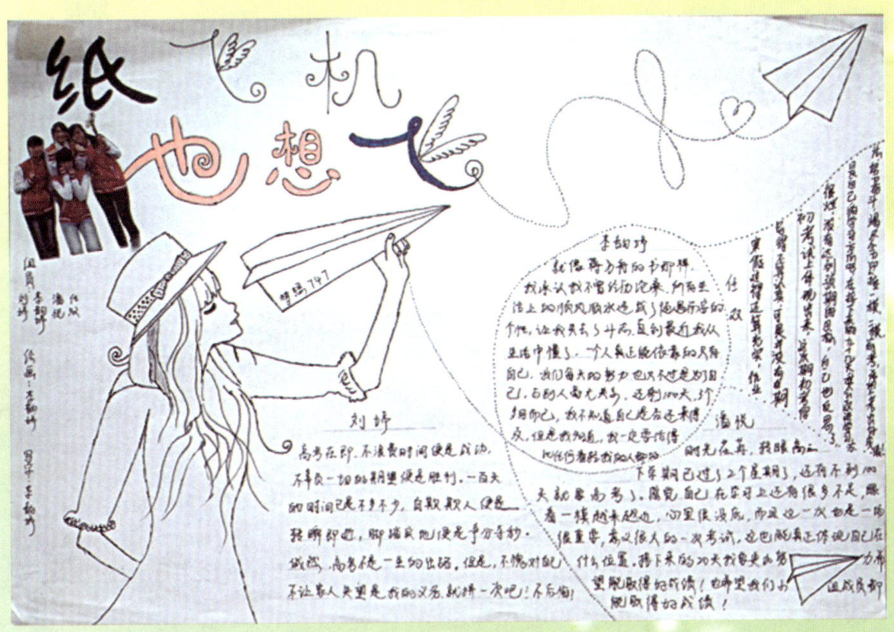

什么时候，孩子们可以没有附加值地思考“去上大学干什么？在大学该做什么？”这个问题，教育也许就真的找到了回家的路。高校依然有职能分工，但没有了三六九等，职业技术学校的孩子可以成为被人尊重的各行工

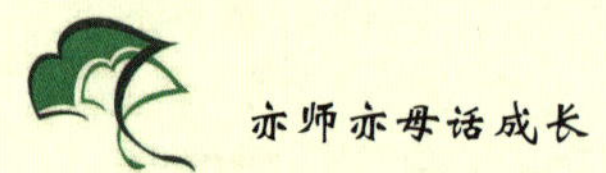

匠，即便成不了状元，但有十年磨一剑的执着；顶尖名牌大学的学生也可以在英雄的用武之地酣畅淋漓，物尽其用，人尽其才，身怀绝技，引领一方，而不是混迹名利场的华而不实；我们的家长和学校，也不用再煞费苦心地编制天方夜谭，让孩子从小进入一个机械重复、丧失思考力的怪圈。

九、知书达理的孙子

儿子： 我带了两根烟回来。

妈妈： 哪里来的？

儿子： 陪爸爸买裤子时，营业员阿姨给的。

妈妈： 可是爸爸不抽烟的。

儿子： 爷爷抽啊。

妈妈： 怎么还要了两根？

儿子： 姥爷也抽烟啊。

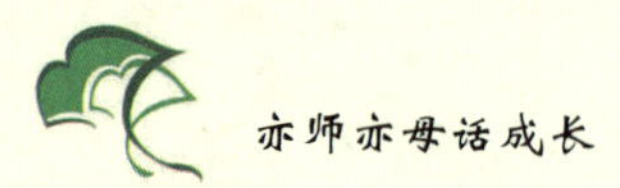

百善孝为先。在孩子的品质培养中，我们做父母的很关注这点。除了言传身教外，儿子也在与爷爷、奶奶、姥姥、姥爷四位“流水带娃”的老辈人间，建立起了平等互助、血浓于水的隔代亲。他学会了察言观色地利用起杠杆原理，用一个支点——爸爸不敢得罪爸爸的爸爸，去撬动地球——享受给爷爷点烟的玩火乐趣，再借口爷爷的二手烟，为自己挑食导致的上火寻找最佳说辞。

孝顺的孩子，不仅给烟抽，还有酒喝。我们家到了周末，有自娱自乐的好习惯，就是陪老人喝点小酒、带孩子看个电影之类。有一次，我和老公恰巧都有事，家庭聚餐人员减半，但气氛却并不逊色于往日。据说儿子当机立断，拿出牛奶，对姥爷说：“来，今天爸爸不在家，我陪你喝。”姥爷本还想推辞，结果小家伙拍着胸脯道：“没关系，你今天表现挺好的，是我奖励你喝的！”一番英雄气概乐得老爷子多喝了两口，结果等我们到家，发现祖孙俩正在张牙舞爪地跳着“大王叫我来巡山”。

其乐融融的祖孙情也会遇到“三角危机”。有次童言无忌的儿子竟然传话说：“爷爷问我，是喜欢他，还是喜欢姥爷。”我故意逗他：“你是怎么回答的呢？”儿子说：“我都喜欢啊！”一旁故作镇定的老公连忙圆场：“当然！你是他们的孙子！农民的孙子！”说完，老公自己倒乐了，自言自语道：“农民的儿子听着挺熟悉，这农民的孙子好像没怎么听说过。不过，这往后农民的儿子可能也越来越少了。”

一番“农民兄弟进化论”也算是对如今城市化的素描。一个农业大国的发展史，清晰地镌刻在农民额头的每道皱纹里，亦如20世纪90年代出现的紧俏的农转非机会，据说花几千块钱就可以买城镇户口。我们家没这个经济实力，老妈就借此鼓励我们姐弟俩，只要考上大学，

不花钱也可以变城市户口。那时候也不懂户口的意义，就觉得能离开农村是件很光荣的事情。为此，我们骄傲地脱离了农民兄弟的队伍，就像白岩松说的那样，“城市有农村人的梦想”，寻寻觅觅在梦醒时分，却发现很多人都已经忘记“农村有城里人的爹娘”。

小时候，我们就在“汗滴禾下土”的诗句中，歌颂农民伯伯的辛苦，但当表妹以超本一线的分数考入安徽农业大学的农学专业时，却换来家人“种庄稼的大学有啥出息”的郁闷；长大后，我们在“穷人孩子早当家”的夸赞中，冲刺一个又一个关卡，当在一个半熟悉的场合，被别人热情地询问“某局长是你什么亲戚”时，回一句“您认错人了”，浇灭的不止是尴尬，更有“你是谁”的掂量；工作中，某些家长对班主任是否为语、数、外教师的挑剔；不少网民对网晒每月三千多元工资教师的痛骂；个别学生对雪后还要期末考试的不满，都转换为加班改试卷的一张答卷里：“大冷天，老师们还来上班，说到底还是因为没钱。”同事们打趣这童言无忌，却也欣慰地看到在答卷的最后一行夹杂错别字的暖心问候：“祝老师们生（身）体

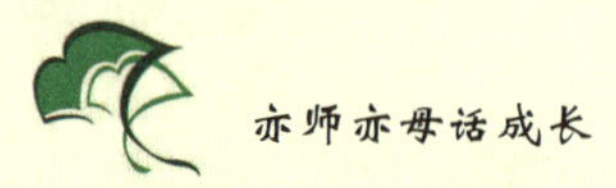

健康。”

孩子不知天高地厚“目无尊长”的言谈，其实是对教师队伍本身妄自菲薄的折射；全社会厚此薄彼“拨打算盘”的倾斜，其实是对“我从哪里来，到哪里去”初心的遗忘。我们一切往前看，看经济效益、看政治出身、看外在标签、甚至看脸；我们一路攀爬，爬“更比这山高”的峰、爬“高处不胜寒”的险、爬“外国月亮会更圆”的美、甚至爬行。我们教育孩子怀揣梦想，但不是好高骛远、数典忘祖；我们教导学生志在四方，但不可嫌贫爱富、背叛过往。记得一次集体活动，学生们体验协作的力量，先是选队名，然后用队名编写四言绝句，最后通过一支“如椽大笔”一起完成书写。五光十色的新人类队名，已经见怪不怪，只是“王者归来队”的网迷度远远要高于其创新度，而当他们自豪地写出“昭君爱李白”的名言佳句时，作为历史教师的我是摸不着头脑的。

因为时尚的网络文化已经让孩子们不再喜欢纯粹的经典，只是

他们标榜新潮却又对正本清源知之甚少；他们爱不释手的“新式电子武器”，也只是更多地鞭策父母们鼓足消费者的腰包；他们宁愿背负“信息化鸦片”患者的丑态，也没有多余的时间浪费在和家人聊天的热闹。如何让孩子们不要遗忘中华民族血脉里与生俱来的人情、宗法主色调，让他们不是只畅游在别人编撰的虚拟世界里无法自拔，而是分享自己身边家人的真实故事里的甜蜜时光？挤出些空闲、花一些时间，带着孩子一起聊一聊“那过去的事情”，是不是也可以“管中窥豹”地让祖孙之情渊源流淌？我们讲感情，讲人际关系，善者，是有人情味的气度；伤者，却是寒气逼人的锋利。而今，树典型歌颂平凡，但有多少人可以忍耐成角成名前的寂寥，而不仅仅是羡慕锦上添花的繁华？业界精英低调以农人自居，但大多数都选择逃离那个哺育了自己的农村，是不是皆因为，其实长大后“我不想成为你”的疏远与隔离？

十、不计其数的天使

儿子：猜猜这个动作是什么？

妈妈：好的。

儿子：就这样胳膊摆动（配动作）。

妈妈：在跳舞？

儿子：是在“飞”！

妈妈：也可以。

儿子：我猜“洗澡”为什么不可以？

据说每个孩子都是天使降临人间，而支持着天使起飞的翅膀，就是孩子们充满童真而又天马行空的想象力。想象力虽然是人类区别于其他物种的重要原因，但好像也不是人类与生俱来的能力。这点认知，也许在心理学上早就是已知命题，但相信每个母亲，每个认为自己孩子一定是独一无二的母亲，几乎从孩子出生那天起，就开始寻找这个天使的翅膀。

为了找到翅膀，妈妈们启动了通感模式开发“小天使”，音乐熏陶、涂鸦触摸、绘本启发、体能激活。在入小学之前，“天使素质”基本是普遍家庭都可以因势利导、量力而行的育娃必选，连大人们都趁机弥补了许多童年的缺憾。当我们百感交集地测量天使的翅膀长出来没有时，“天使”却哭了。因为我问“天使”：“如果你在月亮上睡着了，会发生什么？”他很诧异地说：“会从月亮上掉下来，摔死了。”继续启发这个没找到翅膀的“天使”：“月亮上面很大的，掉不下来。再想想，可能会有什么好玩的事情呀？”他一脸鄙视的神情：“我都睡着了，怎么会知道发生什么呢？”崩溃前再努力：“睡着了，大脑还是在运动的。就像故事里说的那样，想象着编一个故事也可以的。”“天使”恍然大悟道：“哦，对了，睡着了会做梦。我做了个噩梦，然后就吓醒了。”

被吓醒的还有“天使”他妈，耗时 7 年之久一根根粘上去的“翅膀”，瞬间崩塌在小学语文练习的造句里。特别是需要想象力的

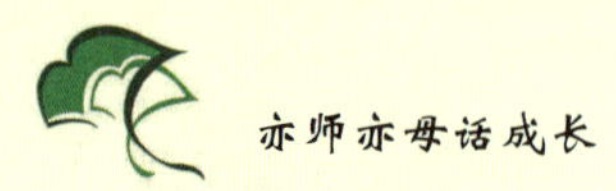

"好像"一词，他实事求是地写道："我好像妈妈。"告诉他不能把同类事物放在一起比喻，他点点头，若有所思地写出："我好像在天上。"算了，讲太深的语法只会更糊涂，还是给个例子吧。例句：小鸟在天上飞来飞去。仿写1：小鱼在水里＿＿＿＿＿。仿写2：＿＿＿＿＿在＿＿＿＿＿。第一个填写"游来游去"没什么问题。到了第二句，实诚的"天使"这样说："我在写作业"。真怀疑这是个"三无天使"。可是，当听见他在吃火锅时蹦出"世界上最高的山，就是火锅山"的感慨时；当小区因修路而沟壑环绕进出困难，他会自作主张地把小区"桃花山庄"的名字改为"桃花岛"时；当他发问"初"这个字，为什么是拿刀去戳衣服，"笑"为什么是竹字头，"夕阳"为什么不是"西阳"时，隐形的翅膀似乎又在蠢蠢欲动。

据美国某权威咨询机构调查结果表明：孩子1岁时，想象力、创造力高达96%，可这种情况在7岁上学以后发生逆转。到10岁时，孩子丰富的想象力、创造力只剩下4%。这种下滑速度，恐怕只有拒绝成长才能阻止了。其实，想象力首先要积累丰富的知识和生存经验。年龄的增长和阅历的沉淀，为何没有成为助推想象力起飞的跑道呢？看看校园里的孩子们吧，个头越长越高，可在教室里的坐姿却越来越低，与老师对视的"心灵之窗"也慢慢关闭了，大批的"天使"失忆了。

忘记了飞翔，是因为丢掉了翅膀。面对折翼的"天使"，我们或许就是罪魁祸首，我们或许余力不足，但无论哪种情况，对于孩子，对于学生，我们也许执拗不过"现实的引力"，但请不要助纣为虐，起码不该让他们忘记对"天空"的向往。所以，在我的班级里，学习固然重要，但不提倡"丢车保帅"，哪怕在高考最后几周

里，班级的黑板报依然不做应对检查的点缀，也不是某班委的自留地，而是各合作小组可以轮流“自由发挥”的梦工厂。人高马大的高中学生挥洒颜料，绚烂心中的色彩，虽然不是科班出身，但“扑

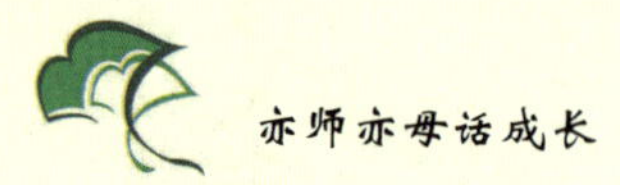

向太阳”的情怀不是只有梵高才能拥有；精神紧绷的毕业生们抬头凝视五颜六色的卡纸，好像曾经“油尽灯枯”的童年岁月在向自己招手、回温。

教育初衷为立德树人，时代发展需人才辈出。大到国家、小到家庭，人的发展才是核心问题。如何保持可持续发展，答案自然离不开创造力。只是，创造力从何而来？心理学认为，创造力来源于知识、智力、能力及优良的个性品质等复杂多因素综合优化的构成中。老百姓认为，创造力就在孩子的眼睛里。保持孩子般的明眸，才能让大脑翱翔，保持童真的明亮，才敢让心灵去想象。给不计其数的“天使”松绑，即便他们不会成为被苹果“砸醒”的牛顿，也达不到“老顽童”爱因斯坦的高度，但起码在屡屡碰壁的成长道路上，他们依然乐观，且歌且行。

绝　招

无　为　而　治

据说，比尔·盖茨有次在接受杨澜采访时，被问到他一生中最聪明的决定是创建微软还是大举慈善？他回答：都不是，是找到合适的人结婚！为此，曾有人调侃，女人决定了上一代人的幸福，这一代人的快乐，下一代人的未来。虽然此说法并不一定权威，但现代女性所承担的隐性责任有时确实超越了“半边天”。因此，教师的“神圣”与母亲的“伟大”，促使我时刻提醒自己要谨慎践行。

“认识你自己”是苏格拉底的名言，这位第一个在哲学意义上发现自我的思想家，被誉为“西方的孔子”。而圣人们告诫后人，冷静客观地认识自己，德才兼备地完善自己，齐家治国地奉献自己，于我们广大的普通人而言，并不是高不可攀。只是寻寻觅觅中，我们有时模糊的是方向、混乱的是方法。德高望重的长者，闻道在先的师者，又该如何拥有更宏观、更客观的世界观和人生观呢？而道法自然的无为而治，恰是一盏明灯。

道生一：生命意义。道家的“无为”并非如

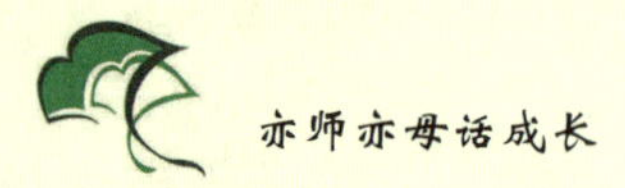

误解般的消极懈怠，而是在洞察秋毫后的顺势而为，是以静制动的智者笃定。“道可道，非常道”的本源探寻，无不是对生命源头的思考。千年以来，生命是什么，依然成为困扰今人的难题。

幼儿园中班时的儿子，就曾对生命产生了敬畏，突出表现为害怕死亡，甚至还把这种恐慌“嫁祸”给大人：“为什么要生我？如果你生的是别的宝宝，我就不会死了。”再大一些，竟然又“视死如归”了。当我们用亲情感化他：“死了就看不到父母，你会想我们的。”谁料，他却唯物地回应：“死了不会伤心，因为什么都不知道了。”是我们低估了孩子对生命的理解，还是忽略了对生命的尊重与敬畏？

望子成龙也好，培养栋梁也罢，如果孩子的眼中已经看不到生命的灿烂，人类最美好的情感世界将陷入荒芜，这是多么可怕。看看我们的身边，为什么总有太多的孩子轻易以结束生命的方式来告别，是因为如今的社会压力大，还是因为现在的孩子受挫力差？其实，根源问题出在对生命的漠视。长久以来，我们的家庭教育乃至学校教育，真正的生命化普及、生命化课程的发展速度远远跟不上大众心理需求。我们都知道生命很脆弱，都害怕“出事情”，所以就导致家长觉得现在的孩子说不得，老师觉得现在的学生管不得。好在，为时已晚际恰是最早时。每代人的使命都是在演绎并传递生命的美好，只要不舍本逐末“乱花渐欲迷人眼”，不忘记来时路，蹲下去倾听生命的悸动，才能有你、我、他之间的生命撼动。

一生二：相爱相杀。道家哲学观中的朴素辩证法思想，早就揭秘了这个世界的运行法则：万物相生相克，万物对立统一。矛盾无处不在，而又不可或缺，它是问题产生的根源，更是推动问题解决

的根本动力。

第一届高三毕业班，班上有个学生报考了提前大专招生，如果被录取，那就意味着他可以申请不参加高考了。为谨慎起见，我特将这个情况与其家长电话沟通说明，孩子妈妈也写好书面申请并签字同意，交学校教务处备案。谁知两天后，校领导找我谈话，说我被投诉了。被投诉的原因是我把班里的一个学生赶回去，不让他参加高考。说实话，那一刻，我很郁闷，也很生气。又与这位家长沟通后，家长说孩子在家整天玩游戏，管不住孩子，所以就迁怒于我。而这个家长对我的怨气是有对比的，分科前的原高一班主任还和她有过面谈，相比较之下，我只跟她通过几次电话，明显不是个好老师。所以，跟学校教务处汇报后，我再次和这位家长通话，告诉她，如果愿意，孩子可以回到课堂。对于这个结果她很意外，略有迟疑后，又要求我去直接告诉孩子，因为她说的话孩子不听。我很纳闷，这位家长投诉的初衷，不是为了让孩子回到学校，难道只是为了把老师“整倒”吗？

父母与子女、老师与学生、家长与教师，该如何刚柔并济地融为一体，而不是各持一边地互相伤害呢？作为母亲，我是否放心把我的孩子托付于你；作为教师，我是否真心把你的孩子视如己出。

二生三：为了孩子。众所周知，自2005年江苏新一轮课改以来，为减轻学生的学业负担，理、化、生、政、史、地六门学科中，学生可选修两门，与语、数、外学科一起，参加高考。而其余四门则作为必修科目，在高二时参加学业水平测试合格后，就可以结束其学科的学习。新方案实施以来，六门“小学科”竟出现了“逆袭”，即高二的教学任务比高三要紧张许多。而“小高考”的如火如荼，会在每年的冬末春初沸腾。

2016年3月19日，又是一年“冲A灭D”的攻坚战。虽然“战备”早就厉兵秣马，可班里有几个孩子结束了一天的考试后，对第二天的历史科目仍信心不足，于是就打电话给我，希望晚上可以再给他们定定心。接到电话的我刚刚从送考的考点奔到儿子上书法培训的兴趣班。离学生约定的时间已经很接近了，所以干脆就带着儿子一起赶往学校。到了学校才发现，10个孩子的后面还跟随了一位“自愿者家长”，这种可怜天下父母心的共鸣，让我们抱团取暖。虽然那天的考前温习，心理作用大于实际功效，但当我穿梭于学生之间，抬头发现那位家长正在帮忙照顾我家“小不点”时，这份为了“我们的孩子”的深情让我深深地感动！时过境迁，当孩子还能记得你，还能收到一份用真情悄悄丢在办公室的“厚礼”时，我感谢这份遇见。

《道德经》中说：“道生一，一生二，二生三，三生万物。”为什么不是二生万物而是三呢？正如我们平常所理解的，事物一般可分为好与坏、利与弊、阴与阳、得与失等。然而，客观世界里，不是绝对非此即彼的关系，“天、地、人”的三才之道中，“人”是隐藏在 1 与 2 之间的 3 数。我们常说，百年大计，教育为本；强国富民，育人为先。人的可塑性、延展性、未来性又无不在孩子。

我们希望孩子超越自己，更超越我们这代人，虽然他们不一定都可以卓尔不凡，但起码前行的路上，他们有胆量踏出自己的脚印；我们一路护送、一路陪伴，有时和风细雨，有时也会雷雨交加，只为了让我们的孩子可以用身心和灵魂去拥抱健康。亦师亦母、刚柔并济，我们有太多的话想说，只为和孩子一起成长。